30年間モテなかったあなたも、

1年で結婚できる本

How to get married in ONE year.

沢宮里奈

竹書房

30年間モテなかったあなたも、1年で結婚できる本

装丁
木庭貴信＋オクターヴ
イラスト
zcool.com.cn

目次

第1章 お友達からお願いします

付き合い始めるまでのミッション15

第2章 結婚しようよ

プロポーズまでのミッション17

第3章 お嬢さんをボクにください

実家へ挨拶までのミッション12

まえがき

独身のあなたがこの本を手に取ったということは、結婚の先に本当の幸せがあるってことに、すでに気付いている証拠ね。

私の名前は沢宮里奈。

お見合いパーティー日本最大手の会社で、新宿支社チーフアドバイザーとして、また、お見合いパーティーの開催者として、のべ六万人の婚活男女をフォローしてきた正統派マッチメーカー。

現在は結婚マッチングサービスSTORIAの代表として、お見合い申し受け数、申し込みOK率、お見合い成立数、交際OK率を管理しながら成婚までをフォローするシステムを確立し、多くの婚活男女を成婚に導いてきたわ。

とくに一年後の成婚から逆算して、その時やるべきことを明確にしていく婚活手法は、マニュアル世代から絶対的な支持を得ているの。

私はこれまで、本当にたくさんの人たちの結婚をまとめ上げてきたけど、みんな例外なく幸せになっているわ。

ＳＮＳの時代になって、幸せアピールがなんだかいけないことのような風潮になっているから、悪いことばかりが表に出て、幸せが陰に隠れちゃっているけど、結婚が幸せなことっていうのは、まぎれもない事実よ。そして、その幸せエネルギーは、周りの人も全部いっぺんに幸せにしてしまう程、とても強力なものなの。

あなたにも経験があるでしょう？　結婚式に出たり、親戚に子供が生まれただけで、とっても幸せな気持ちになれたってことが。やっぱり結婚って、それだけ目に見えない大きな力が働いているものなのよね。

男性が結婚しない理由の第一位は、「出会いがない」で五二・七％、第二位は「収入が不十分」で三六％、第三位は「一人でいるのが楽だから」の三三・二％というデータがあるけど、これはあくまで婚活する本人が考えている理由。実際には、「出会いがあっても、結婚に至らない」というのが事実なの。これは、女心が読めないことや、どうコミュニケーションをとっていいかわからないということに、本当の原因があるのよ。

一九七〇年代を境に、お見合い（上司や親の勧め）で結婚する人と、恋愛で結婚する人の割合が逆転して、今では九割以上の人が恋愛で結婚しているわ。これは、つまり「恋愛力」がなければ結婚はままならないということを意味しているの。昔だったら頑固でも無口でも結婚できていた人も、今の時代だったら結婚できているかどうか怪しいわね。

多くの人は、結婚に至る道順を知らないばかりに、迷ったり、傷ついたりして、せっかくの幸せを諦めてしまっているわ。だからこそ、幸せな結婚するんだと心に決めたら、迷わずこの本にあることを実践して、効率よくゴールへの切符を手にしてほしいの。

この本は、私の長年蓄積してきたノウハウの中から、すぐに実践できるメソッドを抜粋して作成したもの。あなたがもし結婚することを決意したなら、余計なことは考えずに私にしっかりついてきて。最も効率の良い方法で、あなたを幸せに導いてあげるわね。

第1章

お友達から お願いします

付き合い始めるまでのミッション15

ミッション1

イケメンを目指すな！

「あーぁ、俺もイケメンだったら、どんな女でも惚れさせ放題なのに！」と思っているそこのあなた！　イケメンの苦労をまだわかってないみたいね？

私の友人である元歌舞伎町ナンバーワンホストの男性なんて、その綺麗すぎる外見ゆえ、女性たちからひと目で「遊び人」と決めつけられてしまって、つらい思いをしているわ。あげくは徹底的に三枚目に徹するため、**飲み会ではまず「自分の一番恥ずかしい話」から大々的に暴露。**そこまでしないと普通に輪の中に入っていくことが出来ないぐらい、世の中はイケメンに厳しいものなのよ。

顔が好みかどうかから入っていく男性と違って、女はイケメンに対して警戒心丸出し。浮気しそう、騙されそう、捨てられそう……そんなストーリーを勝手に作り上げて、最初から近づこうともしないのが女ってものなの。

イケメンの代表格キムタクだってそう。支持されているときは良いけれど、ひとたび信頼を失うと、**その落ちっぷりは非イケメンの比じゃないのよね。**

そして、女性から何の気なしに発せられる「イケメンなのに……」という言葉。イケメンなのに仕事ができない。イケメンなのに話が下手。イケメンなのに体臭がキツイ……イケメンは普通以下でいることさえ許されない。そんな女社会の風潮に抗いながら生きていくのは、たとえイケメンといえども相当つらいはず。

しかもイケメンは期間限定ときているわ。太っただけで、あるいはハゲただけで、**いずれは「昔はイケメンだったのに」と、嘲笑にさらされる運命にあるのよ。**

むしろこころおきなく女性の懐に入っていけるのが、容姿偏差値が人並み以下の男性。私が前職の会社でお見合いパーティーを主催していた頃、とある常連男性が結婚詐欺で捕まってしまったの。女たちから奪い取った金額はなんと十五年間で一億五千万。彼は年収一千万円と言ってたから、そこだけはどうやら本当だったようね。（いやいや……）

ちなみに、その男の容姿は、まさに人並み以下だったわ。どこを取り上げても可もなく不可もなく、取り立てて女性を惹きつけるような魅力もなく。でも、そんな男性だったからこそ、女性の警戒心をまったく寄せ付けることなく、まんまと心の隙に取り入ることが出来てしまったのね。

さらに男の顔は、仕事や生き方でどんどん変わっていくもの。元のつくりがさほど良くなくても、**結果を出し、自信が出てくることによって、顔つきが変わってくるのよ。**野球のマー君しかり、ホリエモンしかり、みんな最初の頃はぼーっとした感じだったのに、見るたび引き締まって、魅力が出てきたでしょう?

だから、顔が商売道具の仕事でもない限り、自分の顔についてため息をついたり、顔を変えようと努力したりするのはまったく無駄なことなの。それよりも、仕事や生き方で勝負をすることに徹していた方が、結果は後からついてくるものよ。

もし顔について何か変えたいと思うなら、眉のチェンジが効果的。といっても自己流は怪我の元ね。今はプロが整えてくれるところもたくさんあるから、美容院や眉専門サロンでお任せしてしまうのもいいわね。明らかに自分でやっていて、左右アンバランスになってたり、ソリコミが入りすぎていたりする滑稽さといったらないわ。ヘンなところでケチったりしないで、投資するところはちゃんと投資するのよ。

とはいえ男性の場合は、**顔のつくりそのものよりも、普段の表情の方がずっと大事。**不機嫌な顔つきや、眉間に皺が寄ったような顔は、女を不安にさせてしまうわ。たとえ会ったときには明るい顔をしていたとしても、深く刻まれた皺から、自分には決して見せていないような裏の顔が想像できてしまうの。

女の人気を得たかったら、単なるイケメンではなく爽やかな男性を目指すことね。そのためにあなたがするべきことは、まず普段の仕事を充実させることよ。

ミッション2

出会った瞬間にベッドインを想像せよ

実際に結婚した人がよく言う言葉、「出会った瞬間に、付き合っている場面や、結婚生活を送っている場面が、ありありと思い浮かんだ」

これだけを聞くと、「それほど運命の人だったのね」とか、「本当に赤い糸で結ばれている人と出会うと、そうなるのね」と思う人がいるけど、実は順番が逆なの。

結婚した後のビジョンをありありと思い描くことができたからこそ、まったく恐れずにぶつかっていくことができたのであって、自信満々、余裕綽々《しゃくしゃく》な態度で相手に接することもできたってわけなのよ。

「そんなこと言われても、ビジョンなんてそう簡単に浮かんでこないよ……」なんて言っているそこのあなた。あなたに決定的にかけているものは、ズバリ想像力よ。ひとくちに想像力っていっても、生半可なものではなくってよ。**想像力を超えた妄想力、いや、**

夢から現実を作り出すほど強力な創造力といってもいいかもしれないわね。

私は昔、想像力を鍛えるために、こんなトレーニングをしていたわ。たとえば旅先でバスを待っている間。バス停を挟んで立っている男性と、この後一緒に過ごしたとしたら……。そんな情景をありありと思い浮かべてみるの。

想像を始めて十分後、その男性から実際に声をかけられて、そのままデートに発展。こんな風に、**強力なビジョンって、現実をも引寄せてしまうの。**

その後、トレーニングを必要としなくなった今は、自由自在にイメージをして、思うような未来を次々と引き寄せられるようになっているわ。

男性の場合、ソフトなビジョンは逆にイメージしにくいっていう人も多いようね。それなら相手の女性とのベッドインの情景を、ありありと思い浮かべることが出来るようになるまで、想像力を鍛えるといいわ。

それを積み重ねることで、実際に運命の人と出会った際にも、強いイメージを抱くことができるようになって、充分な自信を持って相手に接することが可能になるのよ。

そして、相手との未来を想像するのと同時に、必ずやってほしいことがあるわ。それは**あなた自身の未来像を鮮明に思い描くこと。**

女って、あなたの将来に賭けるからこそ結婚したいと思うものなの。あなたのビジョンが女性に伝われば、現状がどうであれ、相手を惚れさせることは難しくないはずよ。

とはいえ、単に夢を語るなんていうレベルではまだまだ足りないわ。男性が主催するような、いわゆる「モテ講座」では、自信をつけさせるエクササイズとして、女性に対して大きな夢を語らせたりもしてるけど、これでナンパは成功するようになっても、相手から本当に好きになってもらうことなんて、到底できないもの。

女って、「夢を語れる男」が好きなんじゃなくて、「夢を叶えられる男」が好きなの。夢を実際に叶えられるかどうかは、その時が来てみないとわからない、なんて言う男の人がいるけど、女って、あなたが夢を叶えていく過程もちゃんと見ているものよ。

夢を叶える過程には、小さな「実行」の積み重ねがあるはずなの。「将来ビンテージワインの取引で成功したい」っていう夢があるのに、ワインを知る努力を全くしていなかったり、売買に関わることもなかったり……なんていうようじゃ、まったく信用できないもの。

もちろん、夢ばかり語っているような男性もNGよ。**大きな夢の途中にある小さな課題を有言実行しながら、**着実に近づいていって信頼を勝ち取ってほしいわ。

着実な行動の積み重ねまでできるようになれば、ナンパ師のように饒舌でなくても、現実に夢を実現できるようになれるわよ。

強いセルフイメージを自分自身にしっかり刻み込んで、将来、さらに成長していくあなたにふさわしい女性をこれから見つけていってね。

ミッション3
まずは九人にフラれてきなさい

彼女いない歴イコール年齢、あるいは何年も彼女がいないっていうセカンド童貞のあなたは、きっと何かしら恋愛のトラウマをかかえているのね。そんなあなたの心の傷を癒してあげたいところだけど、ここはあえて厳しめにいくことにするわ。

どんな人でも、すごく好きだった人から突然別れを告げられた経験があったりすると、**メンタルにブロックがかかってしまうものなの。**もう二度とそんな思いはしたくない、深層心理でなんとなくそう思ってるだけで、行動にストップがかかるのよね。

そもそも男性の場合、恋愛の相談ができるような場所も少ないから、心に傷を負ったまま、抑え込んでいる人がとても多いの。女に比べてプライドもあるし、フラれるぐらいなら、最初から行動しないでおこうと考えてしまうのも無理はないと思うわ。

好きな人がいても、告白さえしないでおけば、もしかしたら上手くいくかもしれないという可能性だけが残るけど、フラれてしまったら一巻の終わりだものね。

だけど恋愛に慣れないうちは、お見合いでも十人に申し込みをして、一人からOKがもらえれば良い方なの。仮にそんな確率でOKがもらえるのだったら、**一人からのOKをもらうために、さっさと九人にフラれてくるといいわ。**最初の一、二件は多少傷つくかもしれないけど、たとえ断られたとしてもゼロ（行動を起こす前の時点）に戻るだけなのよ。曖昧はダメ。はっきり断られるまでチャレンジしてきてね。

二十人に一人しかOKがもらえないようだったら、さっさと十九人からフラれてくるのよ。大丈夫！　婚活中の女なんて山ほどいるんだから、それで相手が一人もいなくなったりするようなことはないわ。

トラウマを抱えていると何がいけないかっていうと、セルフイメージがぐっと下がってしまって、「どうせまたダメだろう」って思ってしまうのね。トラウマを払拭するには私のところでカウンセリングを受けるしかないけど、セルフイメージだけなら、今すぐにでも上げて差し上げるわ。

セルフイメージをあげるのに、最も簡単な方法は、**まず「俺はモテる」と思い込むことね。**やくざ映画を観た後、自然に肩がいかっている人っているでしょう？　そんな感じでモテ男になりきっちゃえばいいの。

女の目って、意外と単純なもの。かっこいい雰囲気で来られると、そんな風に見えてくるし、自信なさげな感じで来られると、「この人はダメ」って瞬時に判断してしまうのね。

断られたぐらいで、いちいちセルフイメージが下がってしまうようではまだまだ。「こいつには俺の良さがわからないんだな」っていうぐらい、**強気の姿勢で行ってみてね。**

ちゃんと彼女が出来た暁には、振った女もきっと後悔するはずだから、ただ前だけを見て、行動あるのみよ！

ミッション4
経済力コンプレックスを克服せよ

「大卒以上、身長百七十センチ以上、年収一千万以上……」それが女が望む条件だと思い込んでるとしたら、そんな考えは今すぐ捨て去ってほしいわ。そんな発言をしてるのは、婚活中の、しかも結婚できない女の典型なんだから、気にする必要なんてまったくないの。

実際に、すでに結婚している周りの人を見てみて。必ずしもそういう条件を全部満たしている人ばかりじゃないどころか、むしろ満たしていない人の方が、ずっと多いはずよ。

そうはいっても、**あなたはまだ自分の経済力に不安をもっているわね。** 収入が足りない、貯金がない、この先も同じ収入が続くかどうかわからない、あるいはこれから下がってしまうかもしれない……。

もちろん、**女だってあなたの経済力を気にしているわ。** しかも多くの人が基準にしているのは、自分が育った環境。つまり父親の経済力ね。だけど今の時代、父親の経済力を超えられる人はとても限られているの。ただでさえ稼いでいくのが難しい時代なのに、自分が育った環境をキープしたいなんて、所詮は高望みなのよね。

だからといって、女に何もプレゼンすることができなかったら、互いに睨み合いになってマッチング出来ない人が増えていくだけ。ここはマッチメーカーの私が一肌脱ぐ場面ね。

今ある経済力を補って結婚にこぎつけるためには、**「資産を増やす」「女の根本欲求を満たす」「経済力に代わるものを示す」**という、三つの柱が必要なの。

まず資産を増やすには、大きく分けて「収入を増やす」「使い方を見直す」「投資をする」ってことが必要ね。使い方の見直しや、投資はすぐできることだし、収入を増やすことだって、社内のポジションアップや転職、起業、副業など、なにかしら改善の余地はあると思うわ。

プロポーズの前に生命保険に入って、「僕に万が一何かあっても一億円下りるから、君の生活を守っていくことが出来る」って言って、**二十一歳の超美人妻を得た人だっ**

ているのよ。私の父親だけどね。

次に、女の根本欲求を満たすには、**女が経済力のある男性と結婚したいという本当の理由**をつきつめてみないといけないの。そうすると「お金のことでケンカをしたくないから」「安心して子育てをしたいから」「美味しい食事を作りたいから」「心にゆとりが欲しいから」などの理由に行きつくわね。あなたが好きになるような人だったら、きっと「お金をたくさん使いたいから」っていう理由ではないはずよ。

だとしたら、その部分を満たしてあげられるような工夫を、何とかして考え出せばいいのよね。たとえ経済力が十分じゃないとしても、普段から不安に思っているようなことを丁寧に聞いてあげて、どうしたら解決できるのか、一緒に考えて提案していくことで、女はちゃんと安心するの。

残る一つは「経済力に代わるもの」だけど、**それはあなたの夢や可能性そのもの。**売れないミュージシャンや芸人、弁護士志望の男性と結婚して、一生懸命支えていこうとする女がたくさんいるのは、ビジョンがしっかりプレゼンできていて、深く共感しているからなのね。

口だけは大きなことを言ってるくせに何もできないような男にはついていけないけど、大きな夢に向かって努力して、少しずつ結果を出しているような男性に、女は賭けてみたいと思うものなの。

スペインの画家、サルバドール・ダリの妻ガラは、売れなかったダリの作品をアメリカ向けに売り出して、販売から財産管理までやって、ダリをプロの画家に仕立て上げたの。ガラがいなかったら、ダリの作品は一生売れなかったはず。**相手の足りない部分を補って一緒に成功できる**なんて、きっと最高の結婚よね。

今は、女も自分の夢を持って仕事ができる時代だから、その支えになってあげるのもいいわね。二人の夢をそれぞれ叶えて、トータルで経済力を上げられたら、幸せも数段階レベルアップすること間違いなしね。

ミッション5
写真が本当の自分と心得よ

あなたのＬＩＮＥやフェイスブック、プロフィール写真はどんなものにしてる？　まさか顔がはみ出るほどのドアップとか、ホラーな写真とか、そういうのは入れたりしてないわよね？

プロフィール写真って、ある意味リアルの姿より大事。だって投稿があがるたび、そしてメッセージが来るたび、何度も何度も見るんだもの。**サブリミナル的に相手の脳に刷り込まれていくものなの。**

マンガの吹き出しをイメージしてみて。メッセージにいくらいいことが書いてあったって、怖い顔や、垢抜けない顔で語りかけられたら、なんだかピンとこない。むしろ言ってることと表情が矛盾してるみたいで、気持ち悪い印象だけが残っちゃう。

男の人って、女性のプロフィール写真を見るとき、「顔が許容範囲以上かどうか」と、「スタイルがいいかどうか」だけをチェックするでしょ？　後は実際に会ってみなければわからないって考えるのが男性よね。

でも女って、たった一枚の写真から「真面目そう」「チャラい」に始まって、「神経質そう」「マザコンぽい」「散財しそう」などなど、絶対に会ってみなきゃわからないようなことまで、**細かく言い当てては勝手に決めつけちゃう。**

しかも、できれば嫌な人とは会いたくないって考えるのが女。イメージを持ったうえで会ってみるならともかく、写真をちらっと見ただけで「会うのは止めておこう」なんて思ってしまうものなの。

これが婚活のプロフィール写真だったら、無数のライバルたちの顔写真に交じって、自分の顔写真が載ることになるわよね。その中からパッと見で選ばれるためには、ひと際光を放っているような写真にでもしない限り、相当困難を強いられるってわけ。

だからウチの結婚相談所では、お見合い写真が必要な時、**写真館に行って撮ってこさせるなんてことはしないわ。**私がスタジオを手配して、カメラマンとヘアメイクさんを呼んで、服もたくさん用意して、ヘアスタイルとファッションを替えながら、二時間びっちり撮影するの。もちろんポージングは私の指示でね。

みんな写真館に行くと、普段の延長みたいな写真を撮ってきちゃうのよね。写真屋さんがお客さんの好みを聞いて、その通りに撮るから当たり前なんだけど、それじゃあ絶対にダメ。だって今までその、あなた好みのスタイルだったから、婚活がうまくいかなかったわけでしょ？　今までの自分は完全に捨てて、私の言うとおりに変わらなきゃ、うまくいくわけないのよ。

写真を撮る前に、一緒に美容院に行ったり、服を買いに行ったりすることもあるわ。眉カットやヘアスタイルも、指示を出すのは完全に私ひとり。その結果、お見合いを申し込まれる率や、申し込んでOKをもらえる率が、**十倍以上もアップするんだから、**信じたもの勝ちよね。

そして男性だったら写真は二枚が必須ね。一枚はかっこよく仕事をしてることをイメージさせるようなスーツ、そしてもう一枚は一緒にいたら楽しいだろうなと思えるようなカジュアルスタイルでね。

さらにウチだけのサービスを教えると、写真は最低でも三百枚以上撮って、五十枚選んでおくわ。そして季節に応じて、その時期の服装で婚活の場に出すの。

これだけでも新鮮さはかなりアップするけど、さらに人気が落ちてくる頃を見計らって、**こっちの独断で写真をチェンジするわ。**そうすると前の写真はタイプじゃなかったって人にも響いて、ＯＫがもらえちゃったりするのよ。

短期間できっちり結果を出すには、最低でもこのくらいはやんなきゃダメでしょ。永久に奇跡の一枚しか載せてくれないような結婚相談所は、さっさとお払い箱にするべきね。

ちなみに髪が薄めとか生えてないとかで、コンプレックスがある場合は、お洒落なハットやキャップをかぶった写真と、何もかぶっていない素のままの写真、**両方載せてみてね。**

「一緒にデートするときは、帽子にすればお洒落だな」と思ってもらえるから、写真だけで断られることもなくなるし、実際に会った時に「騙された！」なんてクレームにもならないからおすすめよ。

ミッション6
SNSでセルフブランディングせよ

今はフルネームさえわかれば、フェイスブックで写真や投稿が検索できる時代。え？「そういうのが面倒だからフェイスブックやってない」ですって？　それは大変！　今すぐ始めて欲しいわ。

これから若い女性とコミュニケーションしたいのよね？　私の周りでもフェイスブックやってないっていう人がいるけど、どうしたって**「変わった人」っていう見方をされちゃう。**個人情報が心配だったり、通知が面倒だったりするなら、似顔絵でデフォルメしたり、設定を限定にしたり、やりようはいっぱいあるわ。どうしてもフェイスブックが嫌なら、インスタグラムでもいいから、個人で発信できるものが一つは必要よ。

「僕はネット上のつながりなんかより、リアルな関わりを大事にしていきたい」ですって？　そういうところが、女からすると「変わったポリシー」に見えてしまうのよ。つべこべ言わずにさっさとアカウント作って、知り合いに友達申請を送っちゃってね。

こと婚活に限っていえば、一つでも不安要素があると、**機械的にはじかれてしまうものなの。**体重が極端に重い、年収が極端に低い……とかね。元々の知り合いだったら、絶対にそんなことはないんだけど、これから関係をスタートさせるわけでしょ。誰だってリスクはできるだけ取りたくないものね。


それに女って、気になる人がいたら、**とりあえずフルネームで検索してみるものなのね。**論文や新聞記事などの、仕事関連が出てきたらひとまず安心。学生時代や、趣味でやってるスポーツの成績なんかが出てきたら、ちょっとうっとり。万が一事件や悪い噂なんかが上がってきたら、警戒心でいっぱいになるわね（だから間違ってもふざけてバカッターになるのだけはやめてね）。

で、SNSで何をするかというと、**セルフブランディングなの。**検索であがってくるような記事と違って、SNSってあくまでも自分が作り上げる世界じゃない？　つまりどうにでも操作出来るってことね。

女って、写真や投稿内容から、普段の生活や性格を推し量ろうとするから、それを逆に利用して、**自分の性格を作り上げてしまえばいいのよ。**リアルに性格を変えるより、ずっと簡単で手っ取り早いでしょ？

いつもラーメンや風景の写真ばっかりだったら、友達いないのかな？　って思うし、批評や愚痴だらけの投稿だったら、面倒な性格……って思うわね。逆に、スポーツしてる写真や、仲間と飲んだりしてる写真だったら、いろんな人から慕われていそうって思うわ。

いい？　**自分が書きたいことを書くんじゃなくて、**あなたの好きな人がスマホ越しに何を感じてほしいかを考えながら書くのよ。そう思ったら、愚痴や怒りの投稿なんてありえないってわかるわよね。

「普段はどんな生活をしているのかな？」「何を感じているのかな？」「どんな友達がいるのかな？」ってことを、女はいつも気にしているの。

プロが撮った格好いいプロフィール写真や、コピーライターが書いたような自己PRは要らないわ。女が見たいのは、あなたが普段見せているなにげない姿。どこかひたむきで**ハートフルな日常が、**面白く描かれていたら、絶対に惹きつけられるわね。

そのためにも、気分がいい晴れた日に、フェイスブックにあげられそうな写真を撮り溜めしておくことね。さりげないポジティブさに、女は弱いものなの。

ミッション7

ファッション誌に騙されるな！

「スーツはバッチリなのに、カジュアルになったらがっかり……」あなたもそんな風に思われていないかしら？　カジュアルファッションって、自由度が高い分、本当に難しいわよね。かといって、あまりお洒落にキメ過ぎていても、「ファッションにお金がかかりそうな人」って思われて、**こと婚活では不利になっちゃう。**なんといっても正統派の男性カジュアルファッションは、女性服の十倍の値段がするものだから。

それでも本当にお洒落であれば、それはそれでその人の趣味だって納得するわね。女が一番許せないのは、中途半端に流行を追ってるファッションだわ。

膝上の白い短パンに、青いカーディガンのプロデューサー巻き、あるいは白縁めがね、目立ちすぎるハット、とんがり靴……こんないでたちで待ち合わせ場所に来られたら、その日だけは無理やり我慢したとしても、恥ずかしすぎて、**次のデートは間違いなくお**

断りね。

婚活している女子が求めているファッションって、男性ファッション誌に載っているような服とは、まったく違うところにポイントがあるの。

まず一つめは、**そのままの姿で親に紹介出来るかどうか。**たとえ流行であっても、親世代からだらしなく見えてしまうものはNGなの。安っぽく見えない、きちんとした生地で出来ている服を、正統派の着こなしで着ていればOK。子供の頃に、お母さんから言われていたことを思い出してみて。シャツはまっすぐ伸ばして、ズボンはちゃんと上げてはくのよ。

二つめは、**友達に偶然会っても批判されないかどうか。**女って案外辛辣なもの。とくに友達の彼氏の外見については、興味津々でツッコミを入れてくるわ。しかも直接的じゃなく、多少遠まわしな言い方で切り込んでくるところが、女の怖いところね。

あなたに会った女友達から、「かっこいい」「センスが良さそうな人」って言われたら合格だけど、ちょっと無言になった後に、「優しそうな人ね」とか、「誠実そうな人ね」なんて言われたら、言外に「ダサい！」と言われているも同然。「なんだか面白そうな人ね」「楽しそうな人ね」って言われたら、「奇抜すぎ！」って言われているのと同じことなの。

そして三つめは、**自分を引き立ててくれるかどうか**。女って勝手なんだけど、自分よりはるかに目立つようなファッションをしてくる男性って、困った存在なの。二人でいるときのバランスで言うと、男性は無難でオーソドックスにしておいて、女性の華やかなファッションを引き立てるぐらいの方がちょうどよく見えるのね。

もし選ぶ自信がないと思ったら、ファッション誌を見たり店員に聞いたりするんじゃなくて、**センスがある女性に選んでもらうといいわ**。女性目線で好感度の高い服を選んでくれるはずよ。もちろんウチのサービスでも、婚活に特化したイメージコンサルをやってるから、近場ならぜひ利用してみてね。

それから外しちゃいけないポイントとして、**バッグと靴はいつも綺麗なものにしておく**ってことを忘れないで。男って、気にならないことにはトコトン無頓着になっちゃう傾向があるけど、女はそういうことがとっても気になるの。少しでも汚れたり、擦り切れたりしたときは、すぐに新しいものに取り換えるようにしてね。

バッグと靴が新しくて、着こなしがきちんとしていれば、清潔感はひとまずクリアね。もちろん男同士で出かけるときは、思いっきり目立つファッションで、遊び心を満足させるのもアリよ。ファッションもTPOで使い分けられるようになれれば、どんな時でも安心だわ。

ミッション8
女の不安を解消せよ

「僕は高学歴でもないし、高収入でもないから、結婚なんて夢のまた夢だよなぁ」ですって？　それはまったくの誤解だわ。女を落とすのに高いスペックなんて要らないの。必要なのは、**恋に陥れるためのセオリーだけよ。**

女は男性の条件に恋をするわけではないの。むしろ、本気で恋に落ちたら、条件も何もかも関係なくなってしまうのが女ってものよ。それを自分でも知っていて、恐れているからこそ、本気で好きになる前に、必死で条件を確認しておこうとするのよ。

女が恋に落ちているときは、全身で幸せを感じているわ。そして愛情の正体はセロトニン、ドキドキの正体はドーパミン。つまりこの二つのホルモンを交互に分泌させれば、**女は勝手に恋に落ち、あなたの意のままになるってわけ。**

ドーパミンが分泌されると、気持ちがポジティブになって、性欲も高まるの。もしもあなたに会うたびにそんなホルモンが繰り返し分泌されるとしたら、どれだけあなたを欲するようになるか、想像がつくかしら？　会っているときはずっと一緒にいたくて、会っていないときは恋しくてしょうがない、あなたの好きな女性をそんな状態にさせるのも、あなたの行動次第なのよ。

ドーパミンは、あなたとエピソードを共有するたびに分泌されていくの。「着替えたときに、がっちり鍛えている筋肉が見えた」「会話の返しが面白すぎて、大爆笑した」「一緒に美味しいものを食べた」「スポーツやテーマパークでドキドキした」そんなふとした出来事が、ドーパミンを誘発させるのね。

一方で、**セロトニンが本格的に分泌されるのは、体に触れられるようになった後。**好きな人と体の関係を持つと、不安が解消されて、心が穏やかになり、最高の幸せを感じられるようになるわ。

逆に会えないときは、ノルアドレナリンが分泌され、不安が募ったりするもの。そんな時はメッセージや電話で繋がりを持ってあげると、またセロトニンが分泌されるようになるから、それを繰り返していくだけで、**もう離れられない存在になっていくわ。**

馬鹿な男、ダメ男に限って女を惹きつけてしまうのは、女を恋に落とすセオリーを、無意識に身に着けているからなのね。相手の男性に対してどうしようもない怒りを感じた後に、優しい態度でゆっくり話を聞いてくれて、ついには抱きしめられたとしたら、強い怒りと不安から解放された心地よさで、**却って前よりも、好きな気持ちが高まってしまうものだから。**

そして気を抜いた瞬間に恋に落ちてしまい、その相手が自分の理想とする条件に当てはまっていなくて、別れなければいけないと思うほどに、ますます激しく巻き込まれていってしまうのが女というものなの。

だから、あなたが相手が望むような条件を満たしていないからといって、何も気にする必要はないわ。たとえどのぐらい稼いでいるのかを聞かれたとしても、嘘にならない程度に将来の展望を上乗せして、ふわっとさせたままにしておけばいいの。**女は、男の可能性や夢に恋をしていたいもの。**現実に引き戻す前に、恋に落とすのがセオリーよ。

結婚相談所や婚活サイトみたいに、年収を最初に明かしておく必要がある場合でも、「実はもっとあるけど低めに書いている」って勝手に思わせておくぐらいで丁度いいわ。

本当の勝負は、結婚した後どのぐらい幸せにできるかどうか。それはあなたの気持ち次第でどうにでもなることなの。

ミッション9

ナンパの作法を身につけよ

「いつか私にも、白馬に乗った王子が現れて、お城に連れて行ってくれるに違いない」

あなたもこんな女の妄想を一度や二度は耳にしたことがあるはず。男からしたら現実離れしているようなくだらない夢物語だけど、独身既婚問わず、たとえ年配の女性でも、これに近い思いを心の底には持っているものなの。

だからあなたには、**お見合いと並行して、積極的に女性を誘うことにも挑戦してほしいわ。**「自分のタイプど真ん中、絶世の美女があっさりついてきてくれた」と喜んでいたら、なんと十歳も年上の子持ちだった……なんて話もよくあることだけど、まずは直感にしたがって、好きなタイプの女性を誘うことに慣れてしまうといいわ。

成功率を高めるために、私からもひとつコツを伝えさせていただくわね。まず、女が偶然の出会いを待っているのは、**「のんびりスイッチ」が入っているときだけ。**

「これから大事な用事がある」「人と待ち合わせをしている」なんていうときは、たとえ素敵な人と出会っても、恋愛モードにはならないってことぐらい、あなたもわかるわよね。だとしたら、平日の朝や、足早に歩いている人は避けて、休日の、買ったばかりのものが入っている紙袋を持っている人や、犬の散歩をしている人なんかに狙いを定めるのよ。

ただ、明らかなナンパは敬遠されてしまうわ。竹下通り、歌舞伎町みたいなナンパスポットで声をかけられたら、「きっと私だけじゃなくて、誰にでも声をかけているのね」って思われて素通りされるわ。**あえて静かな場所で、一本釣りを狙うのが王道ね。**

最初の突破口として、一番自然なのは、道や場所を尋ねる質問ね。道案内にのってきてくれたら、すかさず質問を続行。「お散歩中ですか？」みたいな何気ない質問から入って、「今日はお休みなんですか？」「どちらから来たんですか？」みたいな、ちょっとプライベートをかすめる質問に移行していくのがいいわ。

それにも応じてくれたら、場所を移すことを提案してみて。今はダメでもＬＩＮＥのＩＤなら交換してくれるかも。**相手の抵抗感が少ないことから徐々に攻めていくのがセオリーよ。**丁寧な会話から始めて、相手の警戒心を徐々に解いていってね。

ただし、スポーツジムやバーみたいに、あなたがいつも行くような場所は避けた方が無難。「ストーカー」って言葉がメジャーになってから、男にまったく縁がない女に限って神経質に反応するから。そういう場所では、あなたの行動を摘発しようと、あちこちから目を光らせていると思って間違いないわ。自分のテリトリーは外して、**アウェーな場所に狩りに出かけるのよ。**

携帯、メモ、ペン、名刺はいつでも持ち歩いて、取り出しやすいようにしておいてね。ひとしきり会話ができたら、タイミングを見計らって連絡先交換。こっちから教えるだけじゃなくて、必ず相手の連絡先も聞き出すことが重要よ。そして連絡先をもらったら、とにかくすぐにコンタクト開始。早めの行動が功を奏するわ。一日でも過ぎると、熱がすーっと冷めていってしまうの。それが女というものなのね。

もちろん、別な場所に誘うときは、「もし良かったら」「忙しくなかったら」って、**逃げ道も用意してあげながら誘導することもお忘れなくね。**

ミッション10

絶対に断られないアポのとり方を学習せよ

デートのアポを入れておいたのに、日程が近づいてきたら急にキャンセル！　その後は連絡もつかなくなった……なんて経験、あなたも何回かあるんじゃないかしら？

これって男の人にも責任があると思うわ。男性って、デートの約束を仕事のアポイントみたいにとらえているから、まずは女性に都合を聞いて、日時を抑えるのよね。女性としたら、もちろん空いてたらＯＫはするけど、**実はちょっぴり不安を抱えているの。**

「本当はヘンな人だったらどうしよう」「高いお店に行かれて、割勘だったらどうしよう」「へんなところに連れていかれたらどうしよう」……もうこの怒涛の不安は、自分の力ではどうにもならない程に膨れ上がってしまうわ。

そして、デートの日程が近づけば近づくほど、その不安は具体的に、さらに大きくなっていくのよ。それが一定のレベルを超えると、**もう不安から逃れたい一心で、やむを得ずキャンセルしてしまうってわけ。**

女性からデートをキャンセルされないようにするには、まず日時じゃなくて、場所やイメージを伝えておくことね。「4D映画が見てみたい」「美味しいローストビーフ丼が食べたい」「流行りのお芝居が観たい」などなど、何でもいいんだけど、具体的に、女性が行ってみたい場所を優先させてね。できれば今まで行ったことがあるような場所じゃなくて、**初めて体験するようなことの方が、キャンセルされる可能性は低くなるわ。**女って、初めての場所が大好きなの。男の人が、今まで行ったことがある場所に安心感を覚えるのとは真逆ね。

もしあなたが仕事上の役得を何か持っているのなら、最初はそれを利用するのも得策よ。もしあなたが飛行機の整備士だったら、「クルーしか入れない売店があるんだけど」。内装関係の仕事だったら、「これからプレオープンする店があるんだけど」。ソムリエだったら、「普段は飲めないようなワインを飲ませてあげる」。というように、**他では絶対に体**

験できないことを体験させてあげられるから、まず断られないわ。

役得関係って、その業界の人には大したことのないようなことでも、他の人にとっては最高に特別感がある提案なの。女って、男性が思うよりずっと、特別なことが大好きなのよ。

先に何をするか、どこに行くかを伝えて、イメージでＯＫをもらったら、**日時の提案はなるべく後出しにするといいわ。**早く確定して安心したい気持ちはわかるけど、それをやってしまうと、連絡を取る口実がなくなってしまうの。

「映画館は新宿がいいかな？　それとも銀座がいいかな？　夜の方がゆっくりできるから、遅めの時間にしようか？」などなど、次のデートに関する相談の体で、一〜二日に一度連絡をとってみて。まずはイメージをしっかりリマインドさせて、期待感を高まらせるのが目的よ。実際のデートの日程は一週間ぐらいが適当。それ以上たってしまうと、イメージ作りにも飽きてしまうわ。

男の人って、日程が決まると安心して、デートの間まで連絡が途絶える人が多いみたいだけど、**これも女が不安に思う原因の一つよ。**迷惑がられたりしないように、女性からよく連絡がくるような時間帯を見計らって、自分からメッセージしてみてね。

ミッション11
女の嗅覚を虜にせよ

男は視覚で相手を好きになるものだけど、女は嗅覚で恋に落ちるってことはご存知？　恋愛がうまくいかないって人は、女の嗅覚をナメすぎていると思うわ。女の場合、**なんと八割を匂いからの情報に頼っているの。**

女が匂いを大事にするのには、ちゃんと理由があるのよ。ひとつは清潔かどうかがジャッジできるということ。そして遺伝子的に合っているかどうかが見極められるってこと。健康なのかどうかも、匂いだけでわかってしまうわね。

だから、無意識に嫌な匂いをさせているなんて致命的。最終的に、**見た目が良い男より、好きな匂いがする男を選ぶ**っていうのは、女なら誰でも自覚していることよ。

過度に神経質になる必要はないけれど、女と会う前には、最低でもニンニクやネギみたいに、強い匂いがするようなものは避けてね。コーヒーやタバコも要注意よ。

歯磨きの後は、歯間ブラシやフロスで仕上げをする、匂いを消してくれるようなタブレットを常備するなど、**注意をしておくにこしたことはないわ。**

腋や足の匂いにも気を付けてね。汗ふきシートでこまめに拭いたり、シャワーを浴びるのは基本。直接履くようなサンダルはこまめに洗うようにして、靴下をはくような靴には消臭剤を使うのよ。

居酒屋の匂いがつきやすい上着やズボンは、できるだけ洗濯することを勧めるわ。今は除菌ができる消臭スプレーもあるから、帰ったらまず使うことを習慣づけておくのもいいかもね。

部屋はよく換気して、質のいいルームフレグランスを使うのよ。安っぽい芳香剤は逆効果だから絶対にやめてね。

潔癖症でもない限り、**匂いについては気をつけすぎるぐらいで丁度いいわ。**女は、男性が思うほど顔で相手を選んだりはしないけど、男の人が想像する何倍も、匂いには敏感なものなのよ。

一方で、女は男性の元々持っている体臭で、本能的に好きになってしまうことも良くあるの。男性の場合は、好きな女性の匂いっていうと、シャンプーや香水みたいな人工的な香りを思い浮かべるでしょうから、体臭っていう概念はあまりないかもしれないわね。でも女にとっては、**男の人の胸のあたりから醸し出される、何ともいえない温かい香り**以上に、惹かれるものはないのよ。

女は、好きな男性の香りを嗅いだ瞬間に、体ごとぐわっと巻き込まれてしまうような、まったく抗えないほどの強い陶酔感を味わうの。その威力を高めるためにも、嫌な匂いは極力排除したほうがいいわ。

もちろん男性の香りを演出するために、**香水を使うのも効果的よ。ほんの少し纏うだけでも、**非日常感とセクシーさ、ドキドキ感を一度に味わわせることができるわ。

私のおすすめは、シャネルのエゴイストや、ブルガリのブループールオム。柔らかで清潔感がある香りは、誰に対しても効果抜群よ。

逆に避けた方がいいのはムスクの香り。男性の間では、女性を惹きつける香りとして良く知られているけど、女性が好きなのはあくまでも「好きな人の体臭」。ムスクってある意味体臭に近いから、ハマれば大成功かもしれないけど、ほとんどの場合は嫌な香りとして認識されてしまうことになるわ。

女性の場合、嫌な香りというのは絶対に受け付けられないものだから、一度印象に残してしまうと、覆すのはとても難しくなってしまうの。

もし相手と仲良くなれていたら、好きな香りを選んでもらうのもいいわね。いろんなブランドの香水を試せるようなコーナーをみつけたら、一度彼女と一緒に立ち寄ってみてね。あなたに合った素敵な香りで、女心をノックアウトするのよ。

ミッション12

お見合いではこれだけを念じなさい

手っ取り早く結婚するなら、お見合いもアリね。**私のところの会員さんたちは、お見合いで断られる確率がほぼゼロパーセント**。今からその秘訣をお教えするわ。

お見合いに来るってことは、まず書類審査は通ってるってことなの。事前に詳しいプロフィールをしっかり見ているし、写真だって見てる。お見合い当日にチェックされるのは、ほぼフィーリングだけだと思って間違いないわ。

ここで意識するのは「とにかく相手から断られないようにすること」。本当にそれだけでいいのよ。とっても簡単なことだけど、これを意識するかどうかだけで、結果はほぼ決まってしまうの。

誰でも初対面の時は、相手のことを判断しようとしてしまいがち。「どんな人かな？　ＯＫしようかな？　断ろうかな……？」そして相手への質問が厳しくなってしまったり、一挙手一投足が気になったり。そんなことに夢中になって、**自分も判断されているってことを忘れてしまうのね。**

その結果、自分が気になるようなことを中心に突っ込んで聞きすぎてしまって、いつのまにか気分を害してしまうこともよくあるの。

それに一瞬でも「断ったほうがいいかな」と考えているときは、相手への印象もすごく悪くなっているから、後から「やっぱりそんなことなかった」と思い直しても、時すでに遅しなのよね。

仮に「この人はないな」と思ったとしても、お断りはいつでもできるわ。お見合いの場では、とにかく**「断るにしても、相手からは絶対に断られないようにすること」**に集中することが大事よ。

実際、出会った瞬間は誰でも緊張してこわばっているものだから、笑顔も出なくて印象が良くないのは当然のことなの。お見合いの後半で印象がぐっと良くなっても、相手の判断はすでに下ってしまっていることがよくあるわ。

良い印象を残すためにも、初対面で質問してもいいことは、**相手の気分を良くするための質問に限られるわ。**つまり相手の女性が自慢したがっているようなこと、趣味のこと、好きなことの話題だけを聞いてあげるってことよ。

たまに、「この条件だけは譲れない。先に確認しておかないと、全部無駄になるから」なんて言って、病歴や家族についてなど、プライベートな質問を聞きすぎる人がいるけど、**それは何度か会って、お互いに打ち解けてから確認すればいいことよ。**それよりもまず、その場ですべての可能性がふさがれてしまわないように気をつけて。何度もいうけど、お相手の方からOKをもらったって、自分から断ることは可能なの。相手から断られてしまったら元も子もないし、**何より気分が落ち込んで、やる気を失ってしまうわ。**

相手に質問するときは、自分が聞きたい事じゃなくて、相手が聞いてほしいと思うようなことを聞くこと、そして自分が答えるときには、正直に答えすぎるよりも、「最も印象がいい答えは何かな?」って考えながら答えること。それだけでかなり印象は良くなるわ。**もちろん余裕があったら自然な笑顔も添えてね。**

お見合いみたいな人生の一大事に、あれもこれもと一度に全部考えながら進めようとするのは、どんなに慣れた人でも至難の業。

まずは相手を判断することを後回しにして、「今日のところは断られないようにしよう」って繰り返し念じること。たった一時間ほどのことですもの。それだけ考えていれば、絶対に断られることはないって断言できるわ。

ミッション13

マッチングパーティーで会話力を鍛えなさい

一対一なら話せるのに、三人以上のコンパになると、途端に話せなくなってしまうような男の人って、意外と多いわね。もしかしたらあなたもそうかしら？

大勢の飲み会って、話すときにはちょっと勇気がいるし、誰かと声が重ならないようにタイミングを計らないといけないし、その場にいる誰も不機嫌にしないように話題も選ぶ必要があるし、しかもみんなに聞こえる声量で話さないとダメ……などなど、酔ってるシチュエーションにも関わらず、**実はかなりハードルが高いものなのよ。**

合コンでは、一番場を盛り上げることができる面白い男性に人気が集まるわね。実際は強引に自分のペースに持っていってるただの自己中だったりするんだけど、女からすると、

「その場の空気を仕切れる人」＝「リーダーシップがあるボス猿」に見えちゃったりするから厄介。本能で「この人についていったら安心」って思ってしまうものだから、**大勢のコンパが苦手な人は、決して近づかないほうがいいわ。**

逆に、あなたがその場を仕切って、面白い話がバンバンできるタイプだったら、ぜひ積極的にコンパに出かけるようにしてね。合コンだったら、毎回相手が替わるわけだから、同じ話をブラッシュアップして何度も使うことができて、さらに精度が上がっていくわ。仲間同士で役割分担を決めて、ボケ・ツッコミを完成させるのもアリね。

女って、そもそも大勢の飲み会が得意なものなの。元々脳がマルチタスクにできているから、アレをしながらコレをして……なんて作業も、何の気なしにできてしまうわ。だからそれが簡単にできない男性に対して、無意識にがっかりしてしまうのね。

それにコミュニケーションが苦手な人を見ると、女はとても不安になるの。これから長い人生を歩んでいくのに、会話が続かないなんて耐えられない……と考えるのが女性。自分の親や親戚、近所の人とちゃんとやっていけるかしら……なんて、**あらゆる心配も沸き起こってくるものよ。**

コンパに自信がない人は、**マッチングパーティーに行ってみるのもいいわ。**大勢で一緒に話す形式じゃなくて、二、三分ずつ時間を区切って、一対一で全員と話をしていくタイプのパーティーね。短時間で相手が変わるから、同じ話をその場でブラッシュアップすることも可能よ。だから女性と話すのが苦手な人でも、会話の訓練になるの。

友達の紹介やお見合いでも、女性から質問をしないと会話が続かない人や、会話が終わるごとに沈黙が流れるような人は、**数分話しただけで「パス！」と思われてしまうもの。**だから自分が話慣れてないなっていう自覚があるような人は、まずマッチングパーティーからスタートしてみてね。

マッチングパーティーで成功するコツは、相手にどんどん話させるってことよ。「マジで？」「すごいじゃん」「なんで？」って感じに合いの手を入れていくことで、**上手に女性をのせることができるわ。**

「相手が言ったことを掘り下げて質問する」っていう手法も、巷では出回っているけど、これは女性にストレスを与えるからあまりお勧めしないわ。

「映画を観てきたんだけど」「どんな映画？」「ゴジラ」「どこで？」「新宿」「どんな内容？」こういう会話って、いっけんテンポよく盛り上がってるように聞こえるけど、実は尋問みたいで苦痛なの。会話が盛り上がっているかどうかって、会話が途切れずに続いているかどうかではないのよ。いかに気分よく話ができて、相手の話を興味を持って聞けているかどうかなの。ただ会話を続けるだけなら、Ｓｉｒｉにだってできるわ。

相手が会話を楽しんでいるかどうかを確かめる鍵は、笑顔になっているかどうかよ。もっと慣れてきたら、表情の微妙な動きから、もっと多くのことが読み取れるようになるけど、最初のうちはとにかく相手の女性が笑顔を見せてくれているかどうか、まずはそれだけをチェックしながらコミュニケーションを取ってみてね。

ミッション14

レストランは匂いで選びなさい

二回目のデート以降、最初の一ヵ月は、お食事デートに徹するのよ。美味しいものでお腹いっぱいになれば、自然と幸せモードも高まるわ。

レストランを選ぶとき、もっとも優先しなくちゃいけないのは、味でも内装でもなく、匂いよ。女が男の人の何倍も匂いに敏感だってことは教えたわね。**その場所の匂いの印象が、あなたの印象そのものになってしまうことだってあるんだから、**絶対に軽視しないでよね。

もしもお店に入った時に、タバコの匂いや生ゴミの匂いがしたら、別のお店にするぐらいの気構えが必要よ。男性の場合、入った瞬間の匂いが、数秒後には気にならなくなってきちゃうのが普通だから、**ドアを開けるその一瞬に、全神経を集中させてチェックするのよ。**

それと、できれば女のお客さんが多い店の方がいいわ。他の男の匂いも、料理には敏感に影響するの。食べ物って、香りを楽しむものよね。他の男の人の匂いを一緒に嗅いでしまったりしたら、せっかくの美味しい料理も台無しになっちゃうの。**女の客が多いお店は、味やコスパもいい場合が多いから、選んで損はないわ。**

レストランを選ぶとき、男って慣れた同じ店に行きたがる傾向があるけど、女は、それでは飽きてしまうの。たとえ失敗したとしても、できるだけいろんなお店に行ってみたいと思っているものよ。入ってみたけど匂いがイマイチ……どこに行ったらいいか分からない……という時は、彼女の服装を基準に決めてね。

ナチュラルな格好で来ていたらエスニック、ドレスアップしていたらフレンチ。その服装がどんなお店ならマッチするのかを考えるのよ。**だって服装が、その日行きたいお店そのものを表しているんだから。**

せっかくドレスアップしてきたのに居酒屋なんて悲しすぎるし、ラフな格好で来たのにお洒落なフレンチなんて惨めでしょう？　「何が食べたい？」なんて聞かなくても、彼女のファッションを見て、一番しっくりきそうなお店を提案してあげればいいのよ。

男性が連れて行ってあげたいお店っていうと、たいてい雰囲気は二の次にして、味にこだわっているところを選びたがるものだけど、知り合ってまだ間もないうちは、**味よりも内装、景色、盛り付けの美しさを優先したほうが間違いないわ。**

だって味に並々ならぬこだわりがある人って、手料理にも文句をつけそうだもの。女にとっては、**「普通に美味しいものを、単純に喜んで食べてくれる男性」っていうのが、一番嬉しいものなのよ。**

たとえ味にこだわりがあるとしても、レストランで批評したり、うんちくを披露したりするのは厳禁よ。美味しいものを判別できる能力はもちろん必要だけど、女だってある程度の歳になれば、世の中の美味しいものはすでに体験済みなの。自分から雰囲気を壊すような恥ずかしい真似だけは、絶対にやめてよね。

デートは出かける前に、その日の落としどころを決めて、逆算して導線を組み立てるのよ。もしレストランデートから一歩進んで、ネクストステージに進みたいと思っているなら、**次のお店はお洒落なバーね。**

その前に飲ませ過ぎちゃったり、疲れさせちゃったりするのは野暮ってもの。お互いにフィーリングが合って、もう少し深めていきたいなーと思ったら、次の段階に進むために余力を残しておくのよ。

いいお店で、気分のいい体験をすれば、あなたのイメージもぐっと高まるわ。段階を踏んでしっかりリードしていってね。

ミッション15
デートは奢るのが鉄則よ

これを読んでいるあなた、まさか初期のデートで割勘なんてしてないわよね？　もしやってるとしたら、即刻、全部奢りに切り替えるのよ。

女の場合、出会った**最初の頃は、モチベーションが本当に低いの。**この時期に、「お金ももったいないし、そんなお金を使ってまで、出かけるのは億劫だな……」と思われてしまったら、次のデートはもうないわ。

連れて行く場所は、お洒落で綺麗な場所なら、別に高級なところじゃなくても大丈夫なの。お金がかかり過ぎちゃってるな……と思ったら、千円ちょっとのランチに切り替えたっていいのよ。

古代から、男は狩りに出かけ、女は家を守ってきた習慣があるわよね。時代が変わった現代でも、何の心配もなく食事を与えてくれる男性に対しては、本能的に安心感を感じ、無条件に好意を抱いてしまう習性があるの。

女がいったん本能レベルで相手のことを受け入れてしまったら、今度はちょっとやそっとでは、嫌いになるなんてできなくなるわ。だからその好意が確実になるまでは、ひたすら奢ってあげるに限るわ。

よく料理上手な女性は、男の胃袋をつかむって言うけど、男性だって同じことよ。むしろ女性のほうが、胃袋をつかまれやすいのかもしれないわ。

よく「ご馳走しても、当然って顔する女性が嫌なんですよ」っていう男性がいるけど、相手の女性が、**ご馳走になるのが自然すぎて「ごちそうさまでした」って言うのを忘れてしまうぐらい、さりげなくさらっと奢ってあげられる男性が、結局、最後に選ばれるわ。**

「それでは都合のいい男にされてしまうのではないでしょうか？」ですって？　あなた、これでもまだ私の話をまだ疑っているわね。奢ってあげるのは食事に限ってのこと。しかも最初のうちだけの話よ。

約一ヵ月半、毎週のように食事に付き合ってくれる女性というのは、よっぽどお金がないのでもない限り、「奢ってくれるから」というだけの理由でついてきてるわけじゃないの。

つまり、半分はもうあなたのことを好きになっているのよ。

そうなったらしめたもの。相手の女性はあなたに対して、必ずどこかで「なんだか悪いな」という気持ちを持ち始めているものよ。そうなってきたら初めて、たまにデートのお金を出してもらえばいいの。

女のほうも、あなたと一緒にいることに価値を感じ始めてからだったら、出すことにもまったく抵抗がなくなっているわ。むしろ出させてほしいって、密かに思い始めているはずよ。

奢ってあげる

男性の方が「ＡＴＭにされるのでは？」なんて不安になり過ぎて、まだ女性が十分に好意を持つ前に割勘にさせてしまうと、たいてい途中で終了してしまうの。

期間は、できるだけたっぷりと取るようにしてね。

割勘を申し出るときに不安になる人もいるけど、相手の女性が本能レベルで好きになった後なら、まったく問題はないわ。

もちろん「この先も、結婚してからも、女性には一切出させない」っていうのも、それはそれでアリよ。その場合は堂々と宣言して、女性にお金の不安を抱かせないようにフォローしてあげてね。

身も心もあなたに頼っていくことで、女はあなたから離れられなくなっていくわ。そんな本能レベルでの刷り込みが、恋愛を成功に導くのよ。

ホントにあった婚活コラム……1

機嫌を損ねた時の特効薬

ＩＴ企業にお勤めのＥさん（三八）は、話し方も明るくて、パッと見モテそうなタイプ。

＊

でも彼曰く、「とりあえず付き合うところまでは行けるんですけど、長くて半年、短いと三ヵ月ぐらいでいつも終わっちゃいます。今度こそ結婚まで持っていきたいと思ってるんですが……」

＊

彼女ができない人から見れば贅沢な悩みだけど、Ｅさんにしてみれば深刻ね。

「どうして女性って突然機嫌が悪くなったりするんですかね？　いくら聞いても理由を言ってくれないですし。そんな空気になったら、『じゃあそろそろ……』って早めに切り上げることが多いですね」

＊

こんな風に、女性が何も言わずに黙りこくってしまうケースは、本当に困っちゃうわよね。

＊

「ＯＫ、じゃあ次から彼女の機嫌が悪くなって、聞いてもその理由を言わなかったら、なにか甘いものをご馳走してあげて」

＊

「え？『彼女が機嫌を損ねてる』っていう根本の問題は解決しなくていいんですか？　僕に何か問題点があって、それを解決しない限り、また同じことをくりかえしてしまうんじゃ……？」

＊

「それは大丈夫。もちろん話を聞くことは大事だから、スイーツの後にゆっくり聞いてあげて」

＊

女が機嫌を損ねるのは、ほとんどの場合、原因は体のバイオリズムや疲労など、心や体の不調がベースになっているの。

＊

スーツ作戦を実行してからというもの、不機嫌をきっかけに関係が壊れてしまうことは、それ以来すっかりなくなったとのこと。

＊

女の場合、食欲を司る接触中枢と、性欲を司る性欲中枢が、脳の近いところに位置しているのよ。それに甘いものの陶酔感って、恋愛の陶酔感にすごくよく似てるから、目の前の人に恋をしている錯覚に陥りやすくなるの。

＊

甘いもので、いったん落ち着いたのを確認したら、ゆっくり話を聞いてみて。「〇〇って言ったこと気にしてるの？」っていうように、具体的に聞いてあげると本音を聞き出しやすくなるわ。

第2章

結婚しようよ

プロポーズまでのミッション17

ミッション16
相手の色に染まれる女をみつけなさい

一昔前には、女は十代～二十代前半で結婚していたから、相手の色にどっぷりと染まってしまう人もたくさんいたわよね。子供の頃、よその家に行くと、その家の人が全員、変わっているように感じたって経験はない？　これもその家の女性が、そのお宅にすっかり染まっていたからこその結果よね。

最近では、初婚年齢もぐっと上がって、とくに都市部では二十代で結婚する人も少なくなってきたから、それまでに、**自我がはっきりと形成されてしまっていると いう人も多いわ**。自分の考えをしっかり持って、自分で考えて行動するっていうのは、良い面もあるけど、反面、結婚生活を送っていく上では、邪魔になってしまうことも多いわね。

でも、中には、年齢を重ねていても、相手の色にちゃんと染まれる女性が存在するわ。正確にいうと、染まるというよりも、**相手の文化を取り入れて、自分の器を大きくしていく感覚ね。**

第一線でバリバリ仕事をしていて、自分の意見もちゃんと持っている一方で、好きな男性が「ロングヘアがいい」といえば髪を伸ばしてみたり、ゴルフをやっていると聞いたら、さっそく挑戦してみる、そんな柔軟さがある女性がいいわ。

男性の影響で、これまであまり聴いてこなかったジャンルの音楽を聴き始めたり、興味がなかった野球の応援にも行ってみたり……そんな体験を重ねていくごとに、楽しみながら視野が自然と広がって、女としての器が広がっていくの。

今まで目を向けてこなかったような、新しい世界に足を踏み入れることにも全然抵抗がない女性は、好奇心も旺盛だから、将来さらに歳を重ねた時、**たとえ世の中の流れが変わっていたとしても、柔軟についていける人になれるわよ。**

「男性の色に染まる人」っていうと、自分というものが全くなくて、まるですべての主義主張を受け入れてしまう人のように聞こえるかもしれないけど、決してそうではないの。

相手の趣味や嗜好を少しずつ試してみて、良いものは取り入れる。考え方や思想も、いったん受け止めて自分なりに消化し、いいなと思ったら受け入れる。そうやって少しずつ自分のものにしていける女が、真に男の色に染まれる女といえるのよ。それは**本当の意味でのプライドを持っていないと、できないことではあるけどね。**

普段の生活の中で、そういう女性を探すには、会話でのリアクションに注目してみるといいわ。「いや」とか「でも」といった否定の言葉じゃなく、「そうなんですね！」「知らなかった」というような、素直な反応を示している人だったら、かなり見込みがあるわ。

もちろん、相手が言ったことを一〇〇パーセント、無条件に鵜呑みにしてしまうような女性は、結婚相手として向かないわよ。その場では否定したりせずに、いったん受け止めて、良いものだけを選択して取り入れていける人かどうかを、ちゃんと見極めなければならないの。

自分たちが納得した上で、一緒に趣味を楽しんだり、同じ政党を支持したりできたら、結婚生活は何倍も楽しくなるわ。そんなポテンシャルを持った女性が見つかるといいわね。

ミッション17

二度目のデートは駅近のレストランにしなさい

「最初のデートから一週間後に連絡したら、なんとブロックされてた……」まさかあなたも経験者の一人かしら？　あんなに盛り上がったのに、いったいなぜ？　って思う気持ちはよく分かるわ。だって女は協調性がとても高い生き物だから、会っている間だけは、楽しそうに振る舞うことができちゃうのよね。

だけどいったんディレートボックスに入れたら、もう二度と振り返ろうともしないのが普通なの。だから**メッセージのやり取りは、盛り上がったその日から、すぐに始めるようにしてほしいわ。**

「そんなに送ったら、嫌われちゃうんじゃないの？」って思うかもしれないけど、逆よ。メッセージを送って嫌われる場合っていうのは、まだ返信が来ていないのに連続して送っている場合だけ。少し時間がかかっても、ちゃんと返信が来ているようなら望みはあるから大丈夫。それよりも、**何も送らずに放置してしまう方が、よっぽど危険なのよ。**

男の人って、自分の感覚で、異性からのアプローチはそんなに来ないものだと思っているかもしれないけど、女って日々いろんな人からアプローチの連続なの。ＬＩＮＥやメッセンジャーでやり取りが少ない人のアイコンは、どんどん下に埋もれていって、やがて画面から外れてしまうわ。そうなったらもう忘却の一途ね。

それに女って、親近感や情で好きになるものだから、とにかく接触する頻度は多くした方がいいのよ。心理学ではこれを「ザイアンス効果」っていうわ。**繰り返し接触していくことで、好感度が高まるっていう手法ね。**

ただし、返信がまったくなくて、翌日、翌々日に送ってみても何も来ない場合は、すぐに諦めなきゃダメよ。相手にその気がないことを見極めるって言うのは、とっても重要なことなの。これができないと、あっさりストーカー認定されてしまうし、時間の無駄にもなりかねないわ。**望みが薄いところにいつまでも関わったりしないように、サ**

クッと次に行くようにしてね。

「101回目のプロポーズ」が通用したのは、もう二十年も前のこと。今はフットワークの軽い男性の方が好かれるのよ。軽さと頻度で勝負を制してね。

メッセージのやり取りが順調に出来るようになったら、一週間以内にまた会えるように、次のデートを企画し始めてね。今度は日時を先に決めてしまってもいいわ。二度目のデートは食事だけって決めて、**短時間で会うようにするのがコツよ。**

場所は相手が行きやすいところを一番に考えてね。ダメなのは、駅から五分以上歩くような場所。男の人ってすぐ自分が行き慣れているような場所に連れて行きたがるけど、ハイヒールでお洒落した女性は、一分たりとも長く歩きたくないものなの。

もしあなたがデートの場所を、駅から遠い場所に設定したとしたら、女がはいてくる靴はぺったんこシューズになるわね。それに合わせてドレスダウン、ということは手抜きメーク……っていう具合に、**どんどん気合いが薄れていくのよ。**

お洒落な場所なのに、ドレスダウンだなんてテンションガタ落ち。そんなデートにしないためにも、選ぶべき場所は駅地下、女性の職場から近い場所、あるいは最低でも主要な駅ね。

「それなら彼女の家に近い場所が一番いいんじゃないの？」と思ったそこのあなた！　まだ

わかっていないわね。自分の自宅から近い場所なんか提案されたら、最大限に警戒してしまうわ。あなたはそうじゃないかもしれないけど、飲みに行った後、「部屋に寄らせて」って言うような安直な男は山ほどいるの。「あーあ、この人もそれ目当てか」ってがっかりされちゃうことのないように、**場所選びはくれぐれも気をつけてね。**

ミッション18
テーブルが空いていてもカウンターに座りなさい

カウンターが優れている点は、**まず下心がある顔を、相手の女性に見られなくて済むっていうこと。**なにしろ女性は、ちょっとした表情の変化から、男性が考えていることを敏感に感じ取ってしまうものだもの。

少し前髪を切った、熱がある、なんていうような些細な変化も、おしゃべりしながら気づけてしまうのが女というもの。真向いに座ったりしたら、男の人が考えていることなんて、簡単に筒抜けちゃうわよ。

そもそも男の人って、女性の顔をまっすぐ見続けることができないのよね。女はそれが平気で出来るの。こんな試合、男が不利に決まってるわ。

これが真横に座ると、男性の表情ってほとんど見えなくなっちゃうの。まさに手探り状態ね。そうすると、女の豊富な想像力は、勝手に都合の良い方に持っていかれてしまうの。**脳は全力であなたの話に集中するわ。**これだけあなたに都合がいい状況は、他ではなかなか作れないでしょう。

カウンターって、とにかく自由度が高いの。耳元に直接ささやくことも、手をつなぐことも、さらに盛り上がってきたら、軽くキスすることだってできちゃう。**次に何が来るのかわからないドキドキと好奇心で、女性の気持ちはどんどん掻き乱されていくわ。**

逆にテーブル席に座る場合には、いろんなことに注意しなければいけないの。たとえば声の音量。カウンター席と違って距離があるテーブル席は、声が通りにくいから、いつの間にか声が大きくなっていたりするもの。女性は、雰囲気の良い場所で、必要以上に大声を出されることを極度に嫌うのよ。ましてや二人だけの会話を他の人に聞かれてしまうだなんて、これはもはや切腹ものね。

相手だけに聞こえるような声量で、下心を読み取られないように、話題にも気をつけて……となると、ひとつのことに集中してしまいがちな男性にとって、かなりハードルが上がるってことはわかるわね？　そんなことにならないよう、最初からあたりをつけて、カウンター席を狙ってお店に入るのが得策よ。

無事にカウンターに座れたら、男性リードですべてを進めていってね。美味しいお酒を進める、耳元でささやく、さりげなく手を取る……**すべてがあなた次第になるわ。**女って、自然なリードをされると、自動的に意志を預けてしまうものなの。

万が一、途中で少しでも抵抗されるようだったら、それはまだ機が十分に熟していないか、望みがないかのどちらかよ。カウンターって、相手のパーソナルスペースに入ることだから、そこで受け入れられるか否かで、相手の潜在意識まで計れてしまうの。

とくに拒まれるようなこともないようなら、徐々にあなたのペースに巻き込んでいってみて。美味しいお酒とお料理を味方につけて、さりげなくリードしてみてね。

ミッション19 劣化しない女を選びなさい

選ぶなら、当然綺麗な女を選びたいわよね？　でも、**もしもあなたが「今」の基準で、綺麗な人を選ぼうとしているのなら、まだまだ甘いと言わざるを得ないわ。**

結婚生活は、それこそ長い道のり。今現在綺麗な人よりも、十年後、二十年後にますます綺麗になっていくような女を選ばなければ、やってる意味がないの。

二十代ぐらいまでは、元々の顔立ちが綺麗な人が断然有利だけど、三十代からは、その他のいろんな要素で差がついてくるのよ。たとえば実際は不細工でも、周囲に可愛がられていて、しょっちゅう「可愛いね」「綺麗だね」と言われてきている人は、歳を重ねてから本当に綺麗になっていくのよ。

自分は可愛いんだ、ということが、**潜在意識レベルに落とし切れているから、自信の持ち方が違うの。**少々否定されても落ち込まないから、リカバーも早いしね。

それに褒められ慣れている女は、褒めてもらった時のリアクションも自然で嫌味がないから、周囲もますます褒めてあげられやすくなるわね。逆に元々は綺麗でも、あまり周囲から認められていなかったり、性格が卑屈だったりする人は、歳をとるにつれてだんだんと不細工になっていってしまうわ。

綺麗でいようっていう意識が高い人も、間違いなく綺麗になっていくわね。現代は科学がとっても進歩しているから、正しい知識を選択する能力さえあれば、とくにお金をかけなくても、綺麗でいることができるようになっているの。

よく「美魔女は美容にお金をかけ過ぎてる」っていうけど、そんなの嘘よ。歳をとっても綺麗でいられる人は、自分の力で、**無理なく美容を毎日の習慣に落とし込んでいるわ。**逆に、短期で何とかしようとして、大金を積む女は、たいていが不細工ね。

そういう意味でも、エステや美容外科に頻繁に行っている人より、自己マッサージや筋トレみたいに自分でできることをメインに続けている人の方が、ずっと若くて、綺麗でい続けられる能力が備わっているわ。

ダイエットに運動は不要っていう人もいるけれど、それは単に体重を落とすのに限った話ね。締った体、若々しい体にするには、運動は不可欠よ。炎天下のスポーツは良くないかもしれないけど、インドアスポーツや、日焼け止めケアをしながらのスポーツなら、**やっているが方が何倍も綺麗でいられるわ。**

当然のことだけど、タバコや睡眠不足など不摂生をしている人は、声や髪のハリまでなくなって、相当早く老けてしまうわね。

性格も、見た目の若さに影響するわよ。ストレスを感じやすい人は、血管が収縮するから、皺もできやすいし、肌も荒れるわ。それと、人のことをいつも批判している人もダメね。たとえば普段から年上の女性を見るにつけ、「露出が多い、メイクがギャルっぽい、イタい……」なんて言っているような人は、**自分が歳をとった時に若く見せたり、お洒落をしたりするのが怖くなるから、さっさと老けちゃうわ。**

もちろん、好奇心が旺盛で、切れ目なく恋をしていて、内面から潤っているということも、若さに影響するわね。

根っこのところでしっかりと「若く綺麗でいたい」という信念を持って、努力している女は、**歳を重ねれば重ねるほど美しさが引き立ってくるわ。**そのあたりを男性が見定めるときは、性格と習慣、その両面から長い目で見極めてね。

ミッション20

三回目のデートでジャッジされるわ

「二回デートをしてみて、どっちもすごく盛り上がったのに、三回目に誘ってみたらなぜか断られてしまった……」あなたもそんな経験がおありかしら？

よほど奢られ慣れている人でもない限り、**女は彼氏でもない人から何度も奢ってもらうことに罪悪感を持つものなの。**二回目のデートまでは「こちらも盛り上げて楽しませてあげた」ということで気持ちもイーブンになるわ。だから本当はそんなに楽しくなくても、奢ってくれる相手を喜ばせるために、頑張って盛り上げるの。でも三回奢ってもらったら、なにか他に見返りをあげないといけないような、**後ろめたい気持ちになってしまうわ。**

「じゃあ、奢らないで割勘にすればいいんじゃないか」と思ったそこのあなた！　その場合は、そもそもデートに行こうとさえ思わないわ。ここは奢ってこそ、ようやくジャッジの場に立てるの。

いずれにしてもあまり乗り気でない場合、**女は「返事を引き延ばしてしまったら悪い……」と考えるものなのよ。**

だからデートがどんなに盛り上がっていても、三回目のデートまでは、常にジャッジされているという緊張感を持って接していてね。逆に言えば、三回目のデートが無事に成功すれば、第一関門は突破ということよ。

女は好きでもない人と二人っきりでいること自体、苦痛に感じるものなの。三回一緒にいられたってことは、**ある程度は惹かれあっているってことね。**

そこまで来たら、三回目のデートでは、どの程度相手が自分を好きになっているか、確かめてみる必要があるわ。まず少しだけ近くに寄ってみて、相手が後ずさりしたり、今までと同じ距離を保とうとしたなら、そこまで好きではない証拠よ。無理強いはしないで様子をみてね。逆に相手の方から自然に近づいてきたら、しっかり受け止めて次のステップに進むのよ。

ここで気をつけてほしいのは、女の場合、**その時はOKでも次の機会には**

NGってことが良く起こり得るってこと。これもバイオリズムの仕業なんだけど、もしも前回はいいところまでいったのに、今回は避けられてる……って感じたら、あまり気にせずに、その日は保留にしてね。

他に、**好きな男性にだけ見せる態度として、「よくしゃべる」っていうのがあるわ。**とくにお酒を飲んだ時なんかは抑制も効きづらいから、ついつい話しすぎてしまうものなの。これも「気に入った人には自分のことをたくさん知ってほしい」っていう気持ちから来ているのよ。

さらに気になる度が上がってきたら、あなたへの質問も増えてくるわ。でもその前段階として自分のことをたくさん話し始めるから、それをじっくり聞いてあげると、初めて心を開くようになるわ。

もし話の中で、これから行ってみたい場所や、食べてみたいものの話が出た時は、さらに好きな気持ちが盛り上がっていると思っていいわ。女はそういう話をするとき、**「一緒に行こう」って言われることを期待しているの。**

あなたが行ったことのある場所や、食べたことがあるものの話をしているときに、「私も行きたい！」って言われたとしたら、それは女性がみせる最大のアプローチだと思っていいわ。

そこで軽く行く約束だけ取り付けて、**次のデートのイメージを膨らませてあげるのもテクニックね。**女は常にイメージ先行。自分の知らない世界を次々と見せてくれるあなたに、最大限の魅力を感じるわ。

それと三回目のデートの終わりには、自分の気持ちもちゃんと示しておいてね。ガッツリ告白するのはまだ早いけど、いい雰囲気になっていたら手を握るぐらいの、優しいサインは必要よ。そのぐらいソフトなほうが、女性はとっても嬉しいものなの。**グイグイ来ないあなたに「大事にされてる！」って感じるのよ。**

ミッション21
体験型デートで攻めるべし

最初の一ヵ月半ぐらいはレストランデートをお勧めするけど、そのうち飽きてくるわ。そうなったらそろそろ体験型デートに移行する時期ね。

でも、お互いに休みが土日祝日だったりしたら、どこに行っても混雑必至よね。そうならないように、カフェは穴場をリサーチ、映画は前もって予約をしておくなど、**ちょっと面倒でも、ある程度の下準備は必要よ。**

あまりキツキツに予約しちゃうと、その場の雰囲気で動くことができなくなるから、予約するイベントは一日一つ〜二つ。その時間までの間を埋めていくイメージでスケジュールを組んでみてね。

実際にデートしてみると分かると思うけど、女ってすぐ疲れたり、体調を崩したりするものなの。予約に振り回されたりすると、休憩さえもできなくなったりして悪循環だから、くれぐれも余裕をもって計画を進めるのよ。

万が一彼女の体調が悪くて、イライラしたり無口になったりしたら、予定を変更してでも休憩したり、飲み物を買ってきてあげたりするのよ。**女の機嫌は体調に左右されていると思って間違いないわ。**和やかなムードにするためにも、絶対に心がけてね。

「疲れたら、自分からそう言ってくれればいいのに」っていう男性がいるけど、ほとんどの女は、我儘だと思われたくなくて、言わずに我慢してしまうものなの。それに好きな人には、言わなくても察してほしいっていう甘えも出てくるのよ。**とにかく常に体調を気遣うことを癖にしてしまうといいわ。**

日中のデートだったら、今一番のおすすめは4D映画ね。前もって予約することもできるし、街中や、すぐ車で行ける場所にあるから、ショッピングやカフェでのデートの間に楽しめるわ。一日中は一緒にいられない日でも、**サクッと短時間で行けちゃうところもいいわね。**

テニスやゴルフ、ジョギングなど、一緒に楽しめるようなスポーツもおすすめよ。真剣に汗をかいた後は、お酒も格別美味しく味わえるわ。

動物園や水族館もいいけど、子供が休みの時期は、子連れであふれかえってるから気を遣うわよ。テーマパークも彼女が強く望まない限り、ディズニーランドみたいなメジャースポットは避けて、マイナーなところに行くのが無難ね。

ライブや舞台に行く場合は、たとえ満足のいかない内容でも、**批判することだけは避けたほうがいいわ。**そんな時はとりあえず聞き役に回って、相手の感想に耳を傾けるのよ。

夜のデートは夜景が定番だけど、なんとかブリッジとか海みたいなところは、髪が乱れたり、寒かったり、蚊に刺されたり……と、女性にとっては思いのほかロマンティックから遠かったりするわ。

そこで男性の下心がマックスだったりしたら、温度差は広がるばかり。想像ほどの成果は上がらないものと覚悟してね。

逆に、**女性の方からそういうムーディーな場所をおねだりされたのなら、かなり脈ありと考えてOK。**即、告白イベントに進めるように準備を進めてね。一緒に岩盤浴ができるような日帰り温泉に行きたいと言われた場合も脈ありよ。リラックスして寝そべるような場所には、本当に好きな人としか、絶対に行きたくないもの。

せっかくのチャンスを逃さないように頑張ってね。

初詣、花火、イルミネーションみたいな季節の行事に一緒に行くのも鉄板ね。誕生日やクリスマス、バレンタインデーなどの**特定の日に、自然と会う約束ができるようなら、ゴールはかなり近づいているわ。**行事の力で一気に距離を縮めるのよ。

ミッション22

女が遅刻してくるなら喜びなさい

「彼女のことは好きだけど、毎回遅刻をしてくるってことは、自分のことを思っていない証拠じゃないか？　社会人としてもどうかしてる。やっぱり別れよう」そんなことを思っているとしたら、もったいなさすぎるわ！

男性的な思考では、毎回遅刻をする＝相手に対する思いやりが足りない、ってことになるのかもしれないけど、女の場合は必ずしもそうではないのよ。

女が出かけるまでにしなければならないことといったら無数。選ぶ服の数も少なく、メイクをすることもない男性の場合、準備にかかる時間には、毎回ほとんど誤差がないはず。きっと会社に出かけるまでの時間も、デートに出かけるまでの時間も、そう変わらないはずよね。だから女が「準備に時間がかかる」って訴えたところで、「その分早く準備を始めればいいじゃないか」って思うのよね？

女が好きな人と会おうとする場合、メイクや服選びには、通常の外出の何倍も時間がかかるのよ。「もうちょっとアイラインを綺麗に引いて……」「ヘアスタイルを整えて……」って考えるだけで、**気付かないうちに普段の倍以上の時間が経過していくの。**とくに男性よりも、時間や空間認知能力が劣っている女の場合、いつも通りの感覚で集中して、ふと時計を見た時には、びっくりするぐらいの時間が経っているのよ。

かといってこまめに時計ばかり気にしていると、さらに効率が落ちて、余計に時間がかかってしまうわ。「もしかしたらデートの後で部屋に寄るかも……」なんて考え始めたら、下着の心配も始まるし、とっかえひっかえ悩んで決めた服やアクセサリーも、元から考え直しになるわ。こうして思いのほか、時間がどんどん過ぎ去っていくの。

もしもあなたとのデートに、彼女が毎回遅刻をしてくるとしたら、**その彼女はあなたのことが気になっている証拠だと思って間違いないわ。**社会人であれば、ほとんどの女性は、少なくとも仕事では遅刻をしないものなの。他の人との待ち合わせでも、遅刻はしないわ。だいたいこのご時世でそんなのんきなことやってたら、とっくに干されているわよね。つまり遅刻をしてしまうのは、あなたと会う時だけなのよ。

男の人ってよく、「遅刻をするような人は直らない」とか言うけど、気になる人との待ち合わせは別格なの。あなたに心を許すようになって、すべてを受け入れてもらえるという自信が芽生えたら、メイクは見積もった時間内で済むようになって、**遅刻なんかしなくなるわ。**

あなたが遅刻を許せないのは、「自分のことを軽視されている」っていう思いがあればこそよね？　でもそんなことはまったくないのよ。むしろ気になっているから遅刻してしまうってことをわかってあげて。

もし他の男性が、遅刻するような女性を簡単に切ってしまうというのなら、逆にチャンスよ。積極的に拾いにいって自分のものにしてね。

とはいえ、遅刻するのは十〜十五分ぐらいのことよね。二十分以上だったらさすがに待つ必要はないと思うわ。十五分ぐらいまでだったら、彼女が家を出てから、確実に着ける時間がわかってから連絡を入れてもらうようにするのよ。

イライラを避ける意味でも、「今向かってます」「急いでます」ってスタンプは送らないように、あらかじめ伝えておいた方がいいわ。確実に着ける時間がわかったら、カフェで仕事をしたり、本を読んだりして、**自分の時間を過ごしながら待っていてね。**

男性はよく効率を考えて、時間通りに来ればすぐ動ける場所を指定するけど、改札口や、ハチ公前みたいな待ち合わせスポットは、待つ方も待たせる方も苦痛よ。今は誰でも携帯電話を持っている時代。ＤＩＹ、書店、服店、雑貨やさんなど、**快適に過ごせる場所を待ち合わせ場所にして、**ゆったりした気持ちで待つといいわ。

まずは遅刻する彼女を改善しようなんて思わないことがポイントね。相手は、笑顔で迎えるあなたの器の大きさにふれて、自然に惹かれるようになっていくわ。

ミッション23
堂々とアドバイスしてきなさい

「女から悩みを相談されても、アドバイスしてはいけない。アドバイスは求められていない。ただ共感するだけでいい」あなたもそんな恋愛マニュアルを鵜呑みにしたりはしていないかしら？

今、これを読んでいるあなたは、**そんな半端なマニュアルには従ってはいけないわ。**真に信頼を勝ち取る男は、女に堂々とアドバイスができる人に決まってるの。的確なアドバイスの一つもできずに、ただ相槌をうって迎合する男なんて、所詮はすぐに飽きられてしまう存在。**そんな弱いキャラは、この場で捨て去ってよし。**

男のアドバイスが嫌われるのは、話の内容をよく聞きもしないのに、上から目線だったり、ダラダラと同じことを繰り返し言ってしまったり、些細なことにまでダメ出しをしてしまうから。そういうアドバイスの仕方だったら、確かに黙って聞いてるだけの方が、何倍もマシかもしれないわね。でもあなたのアドバイスは、**そんなダメオヤジの戯言とは一線を画しているはずよ。**

せっかくの株を上げるチャンスを、いまいちな恋愛マニュアルに従ってふいにしてしまうなんて、本当にもったいないとしか言いようがないわ。

女って、男性から的確なアドバイスを受けると、それだけで心地良い温かさに包まれて、たっぷり安心した気分に浸れてしまうの。その男性に対しても、揺るぎない信頼感が生まれてきて、いつしか大好きになってしまうのよ。

そもそも女は、「ちょっといいな」と思っているような男性にしか、悩みごとを相談したりはしないわ。**誰が好きでもない人に、自分の内面や秘密を暴露するかしら？**

そこはガッチリ自信をもっちゃっていいのよ。

最近は「女にアドバイスをしてはいけない」っていうのが通説になっているせいか、中途半端に心理学の知識をつけた男性などは、「それはつらかったね」「大変だったね」なんてひとまず共感したフリをして、「君はどうしたいの？」「どうしたらいいと思う？」って逆質問で返してきたりするけど、そんな「答えはすでに本人の中にある」的な、見え透いたテクニックなんて、一人前の女にとっては「馬鹿にしてるんですか?」って言いたいほどの薄っぺらさでしかないのよ。

的確なダメ出しを食らったり、アドバイスをもらったにもかかわらず、「アドバイスなんか求めてません」だなんてイラっとしてしまうような女は、単純に器が小さすぎるだけ。

そんな女は最初から相手にしなくていいの。

なだめすかして付き合ったところで、自分の悪いところを教えてもらうことに耐性がない女は、一生、自分流が直らないの。そういう女が長い結婚生活の中で、どんな性格になっていくか、あなたも想像できるでしょう?

私に言わせれば、**気の利いたアドバイスの一つもできないような人も、男として失格ね。**女が「どうしよう?」ってパニックになっているときに、落ち着いて対処の一つもできないようなら、頼りがいがないと思われてしまっても仕方がないわ。

相手を本気で思っていればこそのアドバイスなら必ず響くわ。あなたが好きになるような女性だったらきっと大丈夫。ここぞと思った時は、結果を恐れず本気でぶつかってみて。

ミッション24

幸せにするって言ってきなさい

有能なはずのあなたがモテていない理由、**それはプレゼンが足りないせいよ。**女が期待しているのは、自分を幸せにしてくれる、守ってくれるという、確信めいた言葉。真正直なあなたに、そんな言葉が口に出せないのはよくわかるわ。将来のことはわからないし、確約もできない。ましてや現時点でもまったく自信がない。本当にあなたは嘘がつけない誠実な人ね。でも女というものは、結局、誠実な人よりも、**大きなことを自信たっぷりに言い切っちゃう人の方になびいてしまうものなの。**

「幸せにするよ」って、未来に誓う行為自体が、女の心に深く響くの。実際がどうであれ、**その言葉がずっとこころにあり続けることが、守られていることと同義になるの。**仮に彼女を守ってあげられなくて、死ぬことになってしまったとしても、その言葉を胸に生きるだけで、女は精神的に守られているのよ。

実際、女にとっては、結果幸せだったかどうかよりも、**幸せにしてくれようとしてくれている過程のほうがずっと大事。**「幸せにする」って未来に誓う時、幸せにしたいという気持ちだけは本物でしょう？　出来なかったらどうしようだなんて、思う必要もないのよ。

もしもあなたがバカ正直で、「幸せにする」なんて言えないのなら、「幸せにしたい」「守りたい」って言いきってみて。気持ちをこめて、本心から伝えることが、まずは大事なの。女は、経済的、精神的、肉体的な安定を得るために結婚を望むわ。それを保証してくれるのが、あなたから発せられる言葉なの。

その言葉に根拠なんていらないわ。論理的にはつながっていなくても、「君が好きだから」「愛しているから」それだけで十分なのよ。

ただ、あなたが本気で伝えたとしても、反応が薄いことは十分にあるわね。いまでは「口説く」って言う言葉も死語になりつつあるけど、女を動かすには「何度も」「落ちるまで」口説き続けることが基本なのよ。相手の女性からウザがられていない限り、イエスの返事が返ってくるまでタイミングを見計らって、**繰り返し伝えればいいの。**

もちろん、彼女が引いていないかどうか、面倒に思っていないかどうかは、常に確かめながら行動してね。相手の態度に敏感でいさえすれば大丈夫よ。

思いを言葉にするときは、同時に「君だけ」ということが十分に伝わるようにするのよ。他の誰でもなく、相手が君だからそうしている。誰にでも言っているのではなく、一人だけ想っている。**その気持ちが相手に伝われば、言葉の効果は何倍にもなるわ。**


女にとって、言葉は時に態度よりも大事なものなの。「歯が浮くようなセリフは言えない」と思っている日本男児タイプのあなたなら、さらに重みが増すわ。

言葉は、発せられた瞬間に残らず消えてしまうからこそ、心のなかで反芻したくなるの。自分だからこそ言えるキメぜりふで、恋を確実なものにしちゃってね。

ミッション25

メッセージは毎日、返信は十二時間以内よ

付き合えるか、付き合えないか、**そこを左右する一番大事な時期は、出会ってから一ヵ月以内よ。**誰でも出会ったその日はテンションも上がっているわ。でもその日をさかいに、高まりは徐々に落ち着いていくの。

だから、**出会ってから一ヵ月は、毎日メッセージをいれるのよ。**「デートの予約は入っているから、何もしなければキープできている」だなんて大間違い。そんなことをしていたら、次のデートまでに気持ちが半分以下に下がってしまうわ。

前にも書いたけど、心理学に「ザイアンス効果」というのがあるわね。接する回数が増えるほど、相手への好感度も高まるというものよ。女は男性以上に、相手に対する警戒心が強いから、その警戒心を弱めてあげる上でも、メッセージは必要よ。

もし相手からメッセージが来たら、**返信は十二時間以内が必須よ。**よく考えてから返信したいから……なんて既読無視にしたら、今まで築いてきたせっかくの関係が台無しになってしまうわ。

とはいえ、どんなメッセージを入れたらいいか分からないという人もいるでしょうね。送ってほしいのは、**あなた自身が街で見かけた面白い風景や、美味しいもの、綺麗な花の写真などで十分よ。**メッセージそのものは、そんなに考えなくてもいいわ。

女って、いつでも好きな人と共感していたい生き物。だからそういう写真を送ってもらっただけで、一緒に体験しているような気持ちになってくれるわ。

そして何より、会ってない時も、自分のことを思っていてくれる存在って、すごく幸せな気持ちにさせてくれるの。

逆に送ってはいけないのは、わざと嫉妬させるような写真やメッセージよ。あたりまえだけど、「合コン?」って思わせるような写真や、「二人分?」と思わせるような食べものの写真は、たとえ他の女性と一緒でないにしても、送ったりしたらダメよ。

スタンプの使い方にも注意してね。女性から来たメッセージに対してスタンプ一つでも問題ないけど、こちらから送っておいて、スタンプだけっていうのは失礼すぎるわ。まるでいろんな女性に大量に送りつけて、返ってくるかどうか反応をみているように取られてしまうから気をつけて。

女にとって、メッセージってとても重要なものなの。既読無視、未読無視にも敏感になっているわ。**いろんな風に深読みして、勝手に身を引いてしまうことだってよくあるのよ。**

逆に、もしもメッセージを送っても反応がない、あるいは返信がきても日をまたいでいる……という場合は、脈がないってことだから諦めて。**返信が来ていないのに、こちらから何通も送ってしまうのは、絶対にNGよ。**

相手からはっきりとした断りの言葉が来なくても、「返信がない」っていうのはお断りと同義なの。最近はちょっとしたことでも、すぐにストーカー呼ばわりする女がいるから、警察に持っていかれたりしないよう本当に気をつけてね。

重点的にメッセージを送らないといけないのは、最初の一ヵ月だけ。その後関係が安定してきたら、**徐々に頻度を落として言ってもいいわ。**もちろん一生マメでいられるのなら、そのまま続けるのもアリだけどね。

「女はマメな男が好き」っていうけど、忙しい男性にそこまで求める女はたいした器ではないわ。これからのあなたを高めてくれるとも言い難いから、一ヵ月が経過して、関係が安定してきたら調教していってね。

ミッション26

知的さを装うな。バカになれ

女って、たしかに知的な男性に憧れるところはあるわ。自分が知らないことを教えてくれたり、ここぞという時に周囲をうならせる意見を言ったり、絶妙なタイミングで面白いことを言って、人を笑わせることができたり……。自分にないものを持っているというだけで、尊敬の気持ちが芽生えるわね。

でも、同時に女って、とても疑い深いところもあって、それが本当の知的さなのかどうかを、常に見ているものなの。**とくに誰かの受け売りにはとても敏感だわ。**

知的そうに振る舞っていても、それがただのメッキだとしたら、はがれた時の痛手はとても大きなものになるわ。

女が思う知的さって、うんちくの量に比例するわけじゃないの。本当に知的な男性って、**難しいことも分かりやすく、相手のレベルに合わせて話してくれるものよ。**

女って、普段の会話ではあまり「インバウンド」とか「フェーズ」なんていう単語を使わないから、そういう言葉を日常会話にちょいちょい挟まれると、細かいニュアンスが伝わらなくなってしまうの。だから自分が普段使うような言葉でも、女性的じゃないと思ったら言い換えるぐらいの機転があるほうが、逆に知的に聞こえるわ。

逆に、簡単なことを難しく説明するような人って、知的とは対極にあるのよ。たとえば「USPって何？」って聞かれたときに、「USPっていうのはユニーク・セリング・プロポジションの略で……」なんていう説明は不要だわ。バシッと、「マーケティング用語で『自分のところだけの強み』ってことだよ」ってひとことで表された方が、本当の頭の良さを感じるものなの。

良かれと思って図で説明するのも、女にとってはまったく理解できないことね。男性にとっては当然の前知識がある図も、女にとっては訳のわからない記号や絵でしかないのよ。

女って、自分にできないことをサラッとできてしまう男性に憧れを抱くものだけど、自分にわからない事柄に関しては、まったく評価を下さないの。むしろマイナス評価になってしまうこともあるわ。

男の人って、恋愛もビジネスの延長みたいにとらえていて、説明も詳しければ詳しいほど理解されると考えているみたいだけど、女はそれを求めていないのよ。**むしろ自分のいる場所まで下りてきてくれる人に、すごく癒されるの。**

近頃は変に頭が良すぎる男性も敬遠される傾向にあるわ。以前言ったことややったことを事細かに覚えていて、矛盾点を追及してくる人なんかがそれにあたるわね。女って感覚で動いているから、あまり重要じゃないことにまで整合性を求められても、苦しくなるだけなの。まったく関係のない事柄を関連付けてきて、余計な憶測をするような人も嫌われるわね。これも回転が速すぎる人がよくやってしまいがちな失敗なんだけど、刑事のように相手のことを探ったり、暴こうとしても、ひとつも良いことはないわ。

実際永遠にモテているのは、少年のように無邪気で、子供のような男性ね。母性本能を見事にくすぐるし、付き合っていて楽だから、恋愛がとても長続きするのよ。

ミッション27

「綺麗だよ」のバリエーションを考えよ

　このところ、いろんな男性からネイルを褒められるから不思議に思っていたんだけど、「モテるには、まずネイルを褒めるべし」なんてマニュアルが巷に出回っているのね。細かなことに気付くはずのない男性たちが、どうして急にネイルに興味を持ち始めたのか、ようやく謎が解けたわ。

男の人はみんな、褒めるのが苦手よね。女って本当に細かいことに気が付くし、たとえお世辞だとしても顔には絶対に出さないわ。天真爛漫な笑顔で言葉の限りを尽くして相手を褒めまくることだって、簡単にできてしまうもの。

　女って、褒め言葉に対して無邪気な笑顔を振りまきながらも、同時に言葉の裏を読んでいるものなの。相手の表情や声の温度を細かく感じて、「この人、思ってもいないようなことで私を褒めて、何が目的？」って考えているわけ。怖いでしょ。

だからやみくもに褒め殺すような方法はおすすめしないわ。仮に褒めの応酬が通用するタイプの女がいるとしたら、自分に自信がない人だけね。

ただし、例外的に誰でも喜ぶ言葉があるから、今からそれを教えるわ。それが「綺麗だね」っていう言葉よ。ありきたり過ぎてがっかりしたかしら？　でも本当のことよ。

男の人って、「綺麗な女性を綺麗だと褒めても、言われ慣れすぎているから嬉しくない」っていう説を信じているみたいだけど、違うわよ。**綺麗な女って、綺麗だってことをみんなに認めてもらうために、血のにじむような努力をしているのよ。**

そんなに綺麗な女でも、上には上がいるの。だから綺麗な女は、さらに上を目指すものなの。そして綺麗だと認めてもらうたび、ますますその美しさには磨きがかかっていくの。

ただし、直接「綺麗だね」って言うのは、唐突過ぎて不自然だから、警戒されてしまうわ。会話に混ぜて言うようにすれば、応用もきくし、使うたびに効果を増していくから覚えてね。たとえば「君みたいに綺麗な人だと……」「○○さんはお母さんも綺麗だよね」みたいに、会話にさりげなく混ぜるのがコツよ。そうするととても自然で、お世辞のような嘘っぽさも薄れ、本当に思っていることのように聞こえるの。

女って、本当にとても疑り深いの。「若いね」って褒めても「歳の割にってこと？」なんて言葉の裏を読まれてしまって面倒なことになるわ。もし若いって言いたいなら、ネイルを褒めるのにからめて、「手が綺麗だからネイルが映えるね」なんていう具合に言えば、手が綺麗＝若いってことになって効果的だわ。**女の「裏を読む習性」を逆に利用するのよ。**

褒めるのは、本当にそう思った時に言うだけで十分よ。欧米人のように四六時中アイラブユーって言って気を惹こうとしているような男性より、**たまに本気で言う人の方が、言葉に重みが出て相手にも響くの。**あなたのひとことで、相手の女性に自信をつけさせてあげてね。

ミッション28

恋の媚薬があれば、女なんて簡単よ

女って、ちょっと疲れたり、気に入らなかったりすると、すぐ不機嫌になるもの。普段男とばかり付き合っていると、そういうところを面倒に感じるの、よくわかるわ。でも、簡単に不機嫌になるってことは、簡単に機嫌を直すことの裏返し。コツさえわかっていれば、なにも心配することはないのよ。

今日からあなたのバッグに常備しておくべきもの、それはチョコレートよ。別に高級じゃなくてもいいの。普通にコンビニに売ってるレベルでいいわ。

チョコレートを舌の上でゆっくり溶かしているところをイメージしてみて。女にとって、**その官能的な甘さは、キスをしているときの感覚そのもの。**まずはその触感が、心理的な怒りやつらさを、みごとに抑えてくれるのね。

ちなみにブラックチョコレートを食べているときの心拍数は、キスをしているときと同じ、あるいはそれ以上になるのよ。

よく恋愛では「吊り橋効果」って言われるけど、わざわざ吊り橋まで行かなくても、お気軽にドキドキを味わわせることができるなら、使わない手はないわ。

そしてチョコレートが体に吸収されていくと、脳内物質の「エンドルフィン」が放出されるの。**エンドルフィンって、モルヒネと同じ鎮痛作用があるのよ。**これが感じている痛みを物理的に取り除いてくれるのね。

男の人が機嫌を損ねるってときは、それ相当のちゃんとした理由があるし、デートの場で不機嫌な態度を取るなんて、よっぽどのことよね。だから女性が機嫌を損ねてしまったときにも、まず第一に一所懸命理由を聞こうとするのはわかるわ。

でも**女が機嫌を損ねる場合は、ベースにバイオリズムの変調や、体の不調があるの。**そんなときはまともに取り合いすぎるより、さっさとチョコレートで懐柔しちゃった方がいいのよ。

女って、男性と違って、食欲をつかさどる接触中枢と、性欲をつかさどる性欲中枢が、脳のすごく近いところに位置しているの。だからストレスがあると食に走る女も多いのよね。とくに甘いものの陶酔感って、恋愛の陶酔感に匹敵するぐらい、女にとってはとろけるような快感があるわ。

機嫌が悪い理由や、気に入らないことなどを聞くにしても、**まずチョコレートでイライラの元を柔らかく溶かしてから聞いた方が、ちゃんと本音を聞き出せるわ。**

もし時間に余裕があるのなら、パフェやケーキが美味しいカフェに入って、ゆっくりくつろいで肉体的な疲れも取ってあげてから話をするのよ。

あるモテ男が、「女が不機嫌そうな顔をしていたら、まず服を脱いでベッドに入ってからゆっくり聞き出す」って言ってたけど、いつでも誰でもそういうわけにはいかないわよね。

だからそれに匹敵する効果があるチョコレートを常備して、恋の特効薬がわりに使うのよ。

昔からチョコレートは媚薬って言われていたけど、科学的にもあながち嘘ではないの。

コツさえつかめば、女って案外簡単。ほんの一握りのチョコで幸せな気分にさせることが出来るなら、絶対に使わない手はないわ。

ミッション29
女のバイオリズムは利用することよ

「女の気持ちがわからない」これって、ほぼ全員の男性が口にする悩みよね。「前回会ったときにはすごく親し気に接してくれたのに、今日あったらありえないぐらいそっけない……」あなたもきっとそんな体験をしたことがあるはず。**実はこれ、女特有のバイオリズムが原因なのよ。**

女性が、好きな人を上から一番から十番まで順位をつけているところを想像してみて。恋に対して気持ちが前向きな時は、六番ぐらいまで受け入れられちゃうの。でも、気持ちが萎えているときは、一番までしか受け入れられない。

だからたとえば、六番目になっている人が、ある日誘ってみるとすんなりＯＫをもらえたけれど、別な日に改めて誘ってみたらＮＧだった……なんてことが実際に起きてしまうの。

当の男性は、そんなこと夢にも思わないだろうから、「○○さんから振られてしまった。もう終わりだ……」と思い込んでしまうわけだけど、決してそうとも限らないのよ。**女のバイオリズムを逆手にとれば、恋を成功に導くことも十分に可能になるの。**

男性の場合、気分に影響を与えるホルモンは、テストステロンのみね。でも女の場合は、エストロゲン、プロゲステロン、オキシトシン、テストステロンというように、**なんと四種類のホルモンが、周期によって増減を繰り返すのよ。**ホルモンによって、幸せな気持ちになったり、かと思えばイライラしたり、男性に対してアクティブになったり、逆に引いてしまったり……って忙しいの。それが女心は変わりやすいって言われるゆえんなのね。

だから女って、「この人は好き、この人はそうでもない」っていうのがきっちり分けられないものなの。つまり日によってOKな日もあれば、NGに感じてしまうこともある。それが自分ではっきりわからないから、男性にあいまいな態度をとってしまうのね。

男の人って、自分に気がある女性に興味を持つから、以前親しくしてくれた女性を誘うことが多いわよね。**でも、その時と同じテンションで接してもらえるってことは、ほとんどないと思っていいわ。**

それを男性は「好意が薄れてしまった」って感じるかもしれないけど、そうとも限らないのよ。以前と比べて気持ちが下がったというわけではないから、また上がることだって大いにありえるわね。

よく男性は、恋愛を「前回の続き」から始めようとするけど、それも無理だと思った方がいいわ。前回はキスまで行けたからその続きから……と思っても、その時とはバイオリズムがすっかり変わっているの。

だからといって、女のバイオリズムを知ろうとするのはほぼ不可能。時々「お腹痛い？」なんて急に気遣ってみたりして、バイオリズムを知ろうとする人がいるけど、ほぼ引かれちゃうこと必至だから気を付けてね。

もし前回いいところまでいってるなら、続きから始めないまでも、手順を早めてみるのはアリよ。あとは極力相手のテンションに合わせていくことね。**イライラやハイテンションを軽く受け止める、振られても日を改めてまた誘ってみる、なんてことが上手にできる人なら、女にとっても気が楽だわ。**

女のバイオリズムは振り回されたりせずに、上手に利用することね。

ミッション30 高すぎるプレゼントなんて逆効果よ

お付き合いが進んでくると、必ずぶちあたるのが、プレゼントの壁よね。人によって欲しいものって違うし、前回喜んでくれたからといって、同じものをあげるわけにもいかないし……。そんなあなたの心の負担が少しでも和らぐよう、今からとっておきのコツをお教えするわ。

プレゼントで満足してもらうには、相手の「期待値」を上回るしかないの。女がもらうプレゼントの額に、際限というものはないわ。最初はちょっとしたブランド物のアクセサリーで我慢していたはずなのに、時計、旅行、あげくは車やマンションまで。それでも満足させられていないなんて、それもこれも女の期待する基準を上手く上回っていないからこそ起きてしまっている悲劇だわ。

やみくもに値の張るモノをあげたとしても、それは相手の期待値も一緒に上げてしまうというもの。それより何より、女を満足させることこそが大事なのよ。

そのためには、まず相手のハードルを下げておくことが必要ね。あなたのお相手だって、きっと過去には誰かから高価なプレゼントをもらっているはず。でもあなたがそれに張り合う必要はないわ。

過去に誰かにあげたプレゼントの話や、人気があるアクセサリーのブランド名は口に出しちゃダメよ。

だからといって、アウトレットで買ったブランド品なんて、絶対にあげちゃダメよ。実用品と違って、プレゼントって「気持ちの表れ」。たとえ同じ品質だったとしても、デパートや直営店で買ったものではないブランド品は、女の心を傷つけてしまうの。

並行輸入のブランド品をもらうぐらいなら、値の張らないお花やお菓子のほうがずっといいって思うわ。あなたはわからないと思っているかもしれないけど、包装の仕方や保証方法で、女はすぐに気づいてしまうの。くれぐれもそんなケチり方だけはしないでおいてね。

親しくなってきたら、旅行などの体験をプレゼントするのもアリよ。ホテルの名前だけ聞いていたけど、実際に行ってみたらスイートだった！　なんていう演出も、相手の期待値をグッと上回るから、とっても感動させられるわ。

相手の好みがわからないなら、一緒にウィンドウショッピングをしてみるといいわ。長く立ち止まった場所をチェックして、見ていた物のブランドや色、形をメモしておくのよ。ただし高価な宝石専門店は要注意。そこに連れて行ってくれたってことで期待値が勝手に上がっちゃうからハードルが高くなるわ。

もし一緒に行くなら、婚約指輪や高級な宝石が並んでいるような専門店じゃなくて、**いろんなブランドが入り混じっているような、デパートのアクセサリー売り場がいいわね。**

プレゼントの醍醐味って、なんといっても心を揺さぶること。金額だけで勝負していてもキリがないから、きれいな景色やドキドキする体験をプラスして、心を満足させてあげてね。

時々、さんざん悩んだあげく、誕生日やクリスマスに何もあげなかった……なんていう人がいるけど、それは本当にがっかりさせるわ。それもこれも期待値を下回っているからに他ならないの。

最低でも相手の誕生日には、できるだけ喜んでくれるようなプレゼントを用意してね。クリスマス、ホワイトデーなんていう万人のお祭りには、ちょっとしたお菓子ぐらいでも全然構わないわ。

プラス、**出会って一〇〇日記念日、相手の月誕生日（月命日のようなもの）みたいな突拍子もない記念日も、あらかじめ手帳に書き込んでおくと間違いないわ！** 他の男を出し抜くためにも有効よ。ただし、くれぐれも相手が変わったときは、前もって書いた記念日も消しておくことをお忘れなくね。

ミッション31
血液型の本を買ってきなさい

といっても、血液型占いを信じなさいって話じゃないわ。人から決めつけられたり、見透かされたりするのが大嫌いなあなたからすれば、信じられないでしょうけど、**女って自分のことについて、ぴったりと言い当ててもらうことが大好きなの。**

占い好きの女性をよく見かけるわよね。男の人ってよく、「なんで見ず知らずのオバサンに、自分の性格や未来まできめつけられなきゃいけないんだ?」「どうしてそんな科学的根拠のないことを信じるんだろう?」なんて言うけど、それは男性特有の考え方ね。

もちろん女だって、占い師の言うことを一〇〇パーセント鵜呑みにしているわけではないわ。いいことを言われたら、「よし、その通りになるように頑張ろう」って思うし、何か提案されたら、「それは自分では全然思いつかなかったな」ってさっそく手帳に追加する程度。

依存症でもない限り、占いは普段使いしているツールの一つなのよ。

女って、自分の気持ちの支えになってくれる人を常に探しているの。恋人、友人、同僚、両親……それも多ければ多いほど助かるし、よくわかってくれる人ほど嬉しいと思うもの。たとえ通りすがりの占い師だったとしても、自分のことをぴったりと言い当ててくれたり、いいアドバイスをくれたりすれば、ありがたい存在になるのね。

そうはいっても普通の男性は、「僕には霊感も、カウンセリング能力もない。ぴったり言い当てるなんてとてもできないよ」って言うわよね。そんな遠慮はまったく要らないわ。**気軽なアドバイスなら、雑誌の占い程度でもいいの。**「君はあれこれ考えすぎかもしれないね。まずはやってみたら？」「情報過多になってるのかもね。スマホの電源を切るだけでも落ち着くよ」そんなレベルでＯＫよ。

とりあえず、**まずは誰にでも当てはまるようなことを言ってあげればいいのよ。**言われた女性の方は、「この人は私のことをわかってくれるかも」なんて思って、話を聞く体制に入るわ。

もちろん、女性がまったく興味を示さなかったら引くまでのことよ。相手がもっと言ってほしそうにしていたら、徐々に内面に触れていってあげればいいの。言ったことが間違っていたら、否定してくれるから、あまり気にすることはないわ。**女が求めているのは、「ぴったり正確に言い当ててくれること」ではなくて、「お世辞じゃなく、本当に自分のことをわかろうとしてくれること」なの。**

女って、直感で生きているところがあるから、科学的な根拠って、あまり気にかけていないのよね。だからあなたが相手のことを言い当てるときも、根拠なんてひとつもいらないわ。相手の食いつきがさらに良くなってきたら、あえてマイナスのことを言ってみるのも効果的よ。「君は見栄っ張りなところがあるから、こういうのが好きだよね」なんていうのも、他の人は絶対に言わないから気を惹けるわ。

ただしくれぐれも説教にならないようにね。誰もが見えているような部分じゃなくて、「どうしてわかったの？」って思われるようなことを言ってあげればいいのよ。

試しに血液型の本を参考にして、言い当てた風に伝えてみるのもいいわね。**女って、ズバリ見抜かれたり、言い当てられたりすると、その人のことが本当に気になってしまうものなの。**

ミッション32
今こそコクるのが王道よ

今から女の心をつかむ、とっておきの方法を教えるわ。だから本当に「落としたい」相手にしか、絶対に使ってはダメよ。

それは「告白する」ってこと。たったこれだけなの。中学生の頃、気になる相手を呼び出して、「好きです」「付き合ってください」って言ったアレね。コクるってやつ。え？　この歳になって、そんなことできないですって？　**あなたはまだ、この威力を全然わかっていないようね。**

女っていくつになっても、男性から自分の気持ちを伝えてもらいたいと思っているものなの。もちろん日本男児が「好きです」「愛してます」なんて、そう簡単に言わないのは百も承知の上。だからこそ、ここぞというときの重みが出てくるのよ。

普段はそんなことをおくびにも出さないような、**ちょっと照れ屋で男っぽい男性に、本気で告白されたら、大抵の女は心が揺れ動くわ。**

「で、そこで断られたらどうなっちゃうの？」ですって？　心配はいらないわ。告白って、そのずっと後にあるプロポーズに向けての第一関門なの。**断る断られる以前に、相手の気持ちを揺さぶることが目的なのよ。**

女って、男性に対してある程度好意を持っていても、相手のことを本当に好きなのかどうかは、自分でもなかなかわからないものなの。でも**相手から主導権を握って、バシッと言ってもらうと、ようやく自分の気持ちもはっきりし始めるものなのよ。**

告白の場所は、ちょっとしたプロポーズを意識して、きれいな海辺や、お洒落なビストロ、晴れた日の公園みたいに、素敵な場所をチョイスしてね。毎日のメッセージや週一のデートを、ここまでちゃんとこなしてきたあなたなら、必ず上手くいくはずよ。

シチュエーションも大事だけど、何より一番大事なのは言葉ね。男の人って、言葉よりも行動が大事だって言われて育っているみたいだけど、女はいつでも言葉を心に留めて生きていきたい生き物なの。

「まだ返事はしなくてもいいけど、僕は将来を前向きに考えている。もしこの先ないなって思ったら、いつでも正直にそう言って」「結婚を前提に付き合ってください」

そんな風に真摯な態度で接してもらえたら、女性の方も将来を真剣に考え始めるわ。


ひとつ大事なのは、相手の決断を迫ったりしないこと。誰でも急に言われたことに対して、まともに反応ができないのは当たり前よね。自分でもよくわからないことに対して決断を迫られると、大抵の人はＮＯと答えてしまうの。それはとってももったいないことなのよ。


「すぐに返事をしなくてもいい」と、ちゃんと逃げ道を作ってあげながら、自分の気持ちをはっきり伝えると、あなたへの気持ちもグッと高まっていくの。

もし確実な返事がもらえたとしたら、結婚までの道のりはかなり近くなったも同然ね。あなたが伝えてくれた、その嬉しい言葉と態度を、頭の中で何度も反芻し始めるわ。

男の婚活は、ここぞというところで相手を恋に落として、一気にリードしていくのが王道よ。

ホントにあった婚活コラム……2

女性の罪悪感を操る

　Tさん（三六歳）は、見るからに礼儀正しい公務員。

　この一見何の落ち度もなさそうなTさんも、これまで付き合った女性とは、半年以上続くことがなかったのだそう。

＊

「この間は、彼女に雨の中、一時間近く待たされちゃったんですよ。でも彼女だって謝ってたし、悪いのは分かってるはずだから、とくに注意はしませんでした」

＊

「どうして何も言わなかったの？」

「まあ、責めたところでその後のデートが楽しくなくなるだけですからね。内心は怒ってるんですけど」

＊

　Tさんのように、優しすぎて怒れない男性って、実はとても多いの。これを世間では『器が大きい』って言うわね。でも器が大きい男が必ずしも恋愛で勝てないのは、どうしてなのかわかるかしら？

＊

「今度そういうことがあったら、一度ガッツリ怒ってみて」

＊

「いや、無理ですよ。ここ何年も怒ったことないですし……」

＊

「じゃあ、ちょっと悲しそうにしてみるだけでもいいわ。あるいは待たずに帰っちゃって、しばらくメッセージに返信しないっていうのでもOK」

＊

「……分かりました。何か変えないと進展しないので、とりあえずやってみます」

＊

　女って、我儘で自分勝手な生き物に見えて、根本は優しいの。だから怒られたり、悲しそうにされたりすると、すぐ罪悪感でいっぱいになって、なんとかしなきゃって思っちゃう。Tさんに出した指示は、女性の感情を揺さぶるための、ちょっとしたコツよ。

＊

　それから一ヵ月後のこと。

＊

「また彼女が我儘を言い出したので、二、三日メッセージに返信するのをやめてみたんです。でも、それだけで、『会おう』ってメッセージしたときの反応が全然違いました」

＊

「そのうえ彼女の遅刻癖も直ったんですよ。全部が良い方向に行って、来年の春には結婚する予定です」

＊

　Tさんは、何でも無理して相手に合わせるっていうことをやめて以来、楽に女性と付き合えるようになったのだそう。同時に恋愛の主導権も手にしたのね。

第3章

お嬢さんをボクにください

実家へ挨拶までのミッション12

ミッション33

親から主導権を奪いなさい

付き合いも深まってくると、お互いの家族のことも話題になってくるわね。そんな時に気をつけないといけないことはただ一つ。**家族の主導権は、自分が握っているということをアピールしておくことよ。**

近頃は、親の方が圧倒的に経済力があるケースも多いから、大事なことを決めるときは最終的に父親の判断に従う、なんていう家も多いわね。でもこれって、これからお嫁にいく女性にとって、とても不安になってしまうことなのよ。

同じく、母親との関係が近すぎて、なんとなく習慣的に母親の意見を尊重してしまうなんていう人もいるけど、これも女にとっては心配なことね。

女が一番心配しているのは、結婚後の自分の立ち位置なの。男の人にとっては、親も妻も同じ家族かもしれないけど、女は違うわ。義母、夫、自分の関係の中では、自分だけが完全によそ者。そんなときの疎外感ってハンパじゃないのよ。だから男性は、ちょっと女性に気を使いすぎるぐらいで丁度いいの。

そもそも女性にとって、夫の両親は目上の存在。まさか意見するわけにもいかないし、たとえ言いたいことがあっても、夫を通して言うしかないなんて、ハンデ以外の何物でもないわよね。

女は、「いざというときに、この人は自分の味方をしてくれるのかな?」っていうことを、いつも不安に思っているの。**だからあなたが両親に対してどんな態度をとっているのかが、とっても気になるのよ。**

よく女性って、「マザコンはイヤ」っていうけれど、これって単純に嫉妬とか、気持ち悪いとかいうことじゃないの。家族としてその中に入っていったときの、自分の立ち位置がどうなるのかを、感覚的に感じ取っていることの表れでもあるのよ。

もちろん、マザコンがすべて悪いというわけではないわ。親が歳をとっていたりして、守ってあげるべき存在の時は、もちろん気を遣ってしかるべきよね。その代わり、女性の両親のことも同じように大事にしてほしいと思っているの。**両方平等にきちんとできる男性は、本当に頼りがいがあると思うわ。**

一番問題なのは、アピールの仕方ね。あからさまに何でも両親の味方をしていたり、母親に甘えているところを見せてしまうのは絶対ＮＧ。大人として意見を聞いて、親を立てながら、最終的に自分の判断で物事を決めていく姿勢を伝えられたら、女は不安感を払拭できるわ。

どんなに気が強そうに見える女性でも、結婚にはとてつもない不安を抱えているの。だから結婚前に、無用な不安を与えてしまうと、せっかくの苦労が台無しになってしまうわ。

自分の両親には、相手の女性の良いところを伝えておくことも大事よ。たとえ冗談でも、女性の愚痴を両親に伝えたりすると、それが原因で別れに繋がってしまうことだってありえるのよ。**いざ結婚を意識し始めたら、両親とは適度な距離感を保って、上手に立ち回ることね。**

ミッション34
バレない嘘なら墓場まで持っていきなさい

恋愛中には必ずしも言わなくていいことも、**こと結婚になったら後々問題になりそうなことは、早めに告知しておかないと、大問題になってしまうわ。**

たとえば子供ができないような持病、精神疾患、まだ発症してなくてもキャリアになっているような病気……たとえば肝炎とかエイズとか。こういうことは、隠していてもいずれは相手に知られてしまうことだから、早めに言ってあげてね。

犯罪歴がある、家族に障害のある人がいるなどの事柄も、人によっては、知っていたら結婚していなかった……っていうことにもなりかねないから、時期をみて必ず伝えるべきことよ。

借金をしている、あるいは借金の保証人になっている、なんていうことも、絶対に伝えておかないと問題になるから気を付けてね。

もちろん学歴詐称、年齢詐称などなど、嘘をつくのはもってのほかだけど、**「言わなかっただけで嘘はついていない」っていうのは間違いよ。**

良くあるのは、家族や自分が宗教に入っていることを内緒にしていたケースや、勤務先が大企業だけど、実は子会社だったり、専任社員だったというケース。こういうのも、後から知ると結構ショックだから、先に伝えておくべきことね。

宗教に関しては、相手に押し付けたりさえしなければ、そこまで問題にはならないことも多いから、伝えるときには、相手には強制しないことなども含めて、きちんと正直に話すことが大切よ。

女性にとっては、内容そのものよりも、自分にちゃんと話してくれなかったっていう事実の方がショックなものなの。たとえ許せたとしても、もやもやした気持ちは一生残り続けてしまうわ。

それに簡単に嘘をつく人は、結婚してからも嘘をつく人だってみなされてしまうの。何かするたびに、痛くもない腹を探られたり、疑われたりするのは誰だって嫌よね。
保身のための嘘、虚栄のための嘘は、結婚を遠ざけるだけでなく、あなたの信用も著しく落としてしまうのよ。

こういう重い話を告白するタイミングについてだけど、**出会ったその日に全部伝えてしまう必要はないわ。**相手だって全部ぶちまけてくるとは限らないし、初日からあまり重いことを言われても、あなたのいい面を見るより先に、そのことばかりが気になってしまって、上手くいくものもいかなくなってしまうの。

まだ本格的に付き合うことにはなっていないけど、お互い結婚相手として意識し始めそう……という時期に、真剣に向き合って話すのがいいわね。

逆に真っ先に伝えないといけないこともあるわ。バツイチ、子供がいる、国籍が日本以外……なんていうことは、人によってはマイナスになるかもしれないけど、別に悪いことじゃないから、先にさらっと言って、付き合うかどうかの判断材料にしてもらった方がいいわ。

とはいえ、何もかもすべて告白すればいいってものでもないの。たとえば過去の恋愛にともなら中絶とか、出張ホストの経験、整形手術、記録に残らなかった犯罪など、すっかり終わっているような出来事は、一生墓場まで持って行った方がいいわね。

こういうことって、告白したほうは荷が下りてスッキリするかもしれないけど、**その重い荷物を、今度は相手に背負わせてしまうことになるのよ。**言わないと決めたのなら、どんなに酔っぱらったとしても決して言わないことね。

ミッション35
Hしたいってことを伝えなさい

女が恋に落ちる瞬間っていくつもあるけど、**その中でも一番強力なのは、体の関係になったときね。**

お見合いがきっかけの恋愛だと、そういうことも禁止されたりしていて思うようにいかないかもしれないけど、もうお互い結婚も間近に見えてきていて、相手も一〇〇パーセント納得ずくなら問題はないわ。

もちろん体目的で近づいたり、そういう風になったのに結婚をしないで捨てるなんていうことは論外だけど、最終的に彼女のすべてを奪うことが出来た人が、結婚までこぎつけているということは変えようがない事実ね。

男性の場合、体の関係を持つとむしろ恋愛感情が冷めてしまうっていう人もいるぐらいだから、あまり実感がわかないかもしれないけど、女の場合はそういう風にならないと本気にはなりえないの。

とはいえ、そういう雰囲気に持ち込むのが苦手な男性って多いわよね。そういう人は、まず「Hしたい」っていう気持ちが相手に伝えきれていないのよね。

「私のことを大事にしてくれている」っていうのは、我慢してくれているっていう気持ちが伝わってくるからこそ感じるわけであって、「僕はそんなこと思ってもいませんよ」っていうオーラ全開の男性には、悪いな……っていう気持ちさえも起こらないわ。

そもそも女って、自分のことを求めてくれない男性を見ると、「私のこと好きじゃないのかな?」「私って魅力がないのかな?」って思ってしまって、なんだか悲しくなってきてしまうものなの。もしもそれさえ感じないのだとしたら、その男性とは友達どまりだと考えている証拠。**あなたに真剣に付き合う気持ちがあるのなら、堂々と「したい」っていう気持ちを伝えてあげてね。**

「Hしたい気持ちを伝えて」っていうと、なぜか下ネタに走ってしまう男性がいるけど、下品な話はもっての他よ。他の女性との経験談、汚い話は嫌われる元。**伝えるべきは、あくまで相手の女性への興味と、ずっと一緒にいたいというソフトな**

内容だけ。

例えば「〇〇リゾートにすごくいい場所があって、そこで一緒に過ごしたい」って言うぐらいでも十分伝わるわ。

そしていい雰囲気を作るのは男性の役目。お互いに慣れてきたら、二件目はお洒落なバーに行ったりして、女の羞恥心を奪い、ハードルを下げてあげてね。

女が欲しいのは、自分がその選択をするための大義名分。自分から行きたいのではなくて、あなたがどうしてもという態度だから……っていう体にしてあげれば、女性はとても楽になるわ。だからある程度の強引さは絶対に必要なのよ。

女って、男性と触れ合うことで心が安定して、幸せになれるの。それに体の関係を持った後は、あなたとそうなってしまった理由を後付けで考え始めるわ。**つまりあなたのいいところを全力で探し始めるってこと。**

彼女を本気で恋に落とすために、ここは最大の頑張りどころよ。

ミッション36

ホテルを一部屋予約しなさい

「どうやってホテルに誘ったらいいかわからない……」なんて、ひと昔まえならありえない相談だったけど、今は普通によくある悩みごと。もしかしたらあなたも、本当に大事な人に対してはそうだったりするのかしら？

実は女もどんどん恋愛下手になっているの。だから誘ってほしいときも、上手にサインを出すことができないのね。**だからあなたの方から、女のサインを見逃さないで次のステップに持ち込んでいかないといけないのよ。**

バーで盛り上がって、終電がなくなっちゃった……なんていう場合は、近所に住んでるのでもない限り、ＯＫのサインよ。でも、どんなにすすめても酔うまでは飲まない、あるいは帰ろうとしている……ってときは、まだまだ警戒されている証拠ね。

警戒されるのは、あなたが与える大義名分が足りな過ぎるからよ！

ほんとひと昔前だったら、「いやよ、いやよも好きのうち」なんて言ったぐらい、かなり無理矢理でも通った風潮があったの。でも今は、女性がちょっとでも抵抗したら、すぐに引かないといろいろ危険よね。しかもストーカー認定のラインは、年々厳しくなってきてる。そうでなくても「空気が読めない人」なんてレッテルを貼られたら、ＳＮＳで吊るし上げられたあげく永久追放されてしまうわ。

だから女には、自分に従わせるための大義名分を差し出してあげないといけないの。「二部屋取ったから、一緒の部屋じゃなくても大丈夫」って状態にしておけば、それがちょっといいホテルであれば、終電を逃した女性なら「行ってあげないとかわいそうかな……」って必ず思うわよ。

そのためにも一番最初だけは、ちょっと高めのシティホテルを二部屋とってね。もちろん本当にバラバラに寝る羽目にならないように、途中でお酒を買っていくことをお忘れなく。景色が綺麗な二人だけの空間で飲みなおすことで、警戒心はかなり薄れるわ。

女の場合、この人とは絶対にない！　と思うような相手とは、そんな場所まで行ったりしないものなの。だからごくソフトな強引さは、背中を押してあげるうえでもアリなのよ。レイプっていうのは、暴力や脅迫、交換条件などで従わせたり、逃げ道を完全にふさいで行為に及ぶことを言うの。そういうことはどんなことがあっても絶対にしないようにしつつ、ちょっと強引めに誘ってあげるようにするのよ。

女にとってみれば、「相手がどうしてもっていう態度だったから」っていうのも大義名分のうち。つまりこうしてあげることが、最大の優しさでもあるわけなの。

誘う時は、「行ってもいい？」なんて絶対に聞いちゃだめよ。**返事は黙って頷かせるだけ。頷くだけでいいような言い方をすれば、誰でも上手くいくわ。**

この時点でまだ告白が済んでいないとしても大丈夫。女が心から恋に落ちるのは性的アクションのあとなの。空気を読んでばかりいないで、まずは相手を自分のペースに引き込むことが肝心よ。

ミッション37

女の浮気理由を知っておくべきね

女だって浮気をする時代。そんなことぐらい、あなたは百も承知よね。でも元々は女って、一人とだけ倫愛していたい生き物。それなのに浮気をしてしまうのは、いくつか理由があるわ。

まず一つには、心の欠乏感を満たしたい思い。好きな人から十分な愛情をもらえていない……でもその人のことが苦しいほど好き。そんなときに自分の気持ちを紛らせてくれる人や、力づけてくれるような人がいると、なびいてしまうっていう人もいるの。

一つのことに没頭できる男性と違って、女って、趣味のことをしていても、友達といても、いつもどこかで好きな人のことを思い続けているもの。その気持ちに応えてくれることがなければ、温度差がどんどん大きくなって、いつしか破局につながってしまうわ。

それ以外のケースとしては、**言い寄ってくる男性にはっきりNOが言えず、なんとなくOKしてしまっている場合。**とくに親切にしてもらったり、優しくしてもらったりすると、断れなくなってしまう人も多いの。

男性にとってみれば、「好きでもない男の誘いを断れないなんて、ありえないだろう」と思うかもしれないけど、女っていつもどこかで男性を恐れているの。実際、望むことなく体の関係まで進んでしまった場合のほとんどは、「断れる雰囲気じゃなかったから」っていう理由なのよ。

あとはお酒に酔って、何も覚えていないというケースね。いい歳して適量もわからないなんて……と思うのも無理はないけど、お酒って年々弱くなっていくもの。いつの間にか、昔の適量では飲み過ぎになっていた……ってこともあるから、そのあたりは理解してあげてほしいわ。

既婚男性と不倫してしまう女性もたくさんいるわね。よくあるケースは、お金持ちの年配男性と、若い女性のカップルだけど、最近では必ずしもその組み合わせとは限らないわ。**だって女が本当に求めているのは、お金ではなくて心だもの。**

近頃増えているのは、年上の未婚女性と、若い既婚男性のカップルね。年上未婚女性は、年下の既婚男性と不倫をすることで、劣等感が埋められるの。その根底にあるのは若くして結婚した男性の妻への嫉妬。男性から愛情、経済的な安定、子供という、すべての幸せを手に入れている妻から男性を奪うことによって、少し勝ったような気持になれる……そんな心理状態ね。

結婚後だって安心はできないわ。ＴＶや週刊誌で話題になっているダブル不倫。ＰＴＡで知り合った子供の親同士、ＳＮＳで再会した同級生などなど、恋愛に飢えているからこそ、ちょっとした火種が原因で、大火事になってしまうの。

いまは不倫の組み合わせは千差万別。さっき言ったような理由以外にも、**背徳的な気持ちにドキドキ感を感じる女までいるから困ったものね。**

結婚後も、二人の絆をずっと守っていきたかったら、相手の気持ちには敏感でいること、気になることがあったら何でも話し合って解決しておくこと、そして言葉と態度で愛情を示し続けていくことがとっても大事になってくるわ。

ミッション38
結婚の挨拶は事実上の事後報告よ

さあ、ここまできたら、そろそろ両親へのご挨拶。一律に「お嬢さんをボクにください」なんて言っていた時代とは打って変わって、ご挨拶の仕方も千差万別になってきているわ。
難しいのは、独身でいる期間が長くなったことと、兄弟が少なくなっている影響で、**親子の関係が、昔よりずっと近くなっているということね。**つまり親たちが、まるで自分のことのように真剣に、子どもの結婚について考えたり、口を挟んだりするようになってきているのよ。

実際、結婚がほぼ確定していたのに、親の反対でダメになってしまったケースも増えているわ。とくに顕著なのは、男性の親が関わってくるケース。だからどうしてもあなたが選んだ人と結婚したいと望むなら、ふたりの意志が確実になって、揺るがない自信が備わるまで、女性を自分の親に合わせてはダメなのよ。

息子を持つ母親って、自分の息子の花嫁候補とひとたび向き合うと、気に入らなければ猛反対するし、気に入ったら気に入ったで、「ウチの子をよろしくね」とばかりに深く踏み入ってくるの。**つまりどっちに転んでも、女性に結婚を踏みとどまらせてしまうという、超悪影響な存在なのよ。**

ただ実際に会わせることを抜きにすれば、事前に付き合っている人がいることを報告しておくことは必要よね。親って本来は味方のはずなのに、自分たちにお伺いを立ててもらえなかったばかりに、ついつい反対してしまうってこともよくあることなの。

祝福してくれるとばかり思っていたのに、反対されてしまうっていうのもよくあるケースだわ。男性の家では、反対するのは大抵母親ね。母親の本音を紐解いてみると、自分の子供がどこか遠くへ行ってしまうような、寂しい気持ちが大半。あるいは嫁になろうとする女性に、ライバル意識を持ってしまう人だっているわ。さらには親のひいき目で、もっといい人がいるんじゃないかしら、なんて勝手に思ったり、自分たちの老後をちゃんとみてくれるのか、不安になったり……。

こんな母親の不安も、きちんと解消してあげなくてはいけないわね。彼女にも相談して、

結婚してもかかわらず関わっていくことを示してあげられれば、母親は一番の味方になってくれるわよ。

かたや女性の両親は、ふたりとも反対してしまうってこともよくあるわね。女性の人生って、男性次第の部分も大きいから、娘の将来が不安で不安でしょうがなくなってしまうのよ。**だから最近では、プロポーズもすべて済ませて、何もかも決めてから報告をしにいくケースも増えているわ。**下手に結婚の許しを得たりするんじゃなくて、事実上の事後報告ね。

とくに女性の家が、これといった理由もなく強く反対する場合は、説得するまで何年もかかってしまうこともあるから、婚約指輪もつけた状態であいさつに行くっていうほうが上手くいくこともあるわ。ただし**こればかりは、両親の性格も知ったうえで、ケースバイケースで進めることね。**

もちろん挨拶に行くときは、常識にのっとってアポを入れたり、手土産を用意したりして訪問するのよ。それまでに根回しをしておいて、無用な波風がたたないようにうまく立ち回ってね。

ミッション39

引くべき時、押すべき時の境い目はコレよ

たとえ結婚に向かって順調に話が進んでいても、引き返さなければならないこともあるわ。それをちゃんと見極められなかったばかりに泥沼にはまってしまう人のなんと多いことか。押すべき時に押し、引くべき時には引いてこそ、理想の人との結婚にこぎつけられるというものよ。

引くべき時っていうのは、必ずサインが出ているから見逃さないでね。たとえばメッセージを入れても返信がない、連続して自分のメッセージばかりがたまってしまう、電話をしたけどいつまでたっても折り返しがない……なんていうときは、引かないといけないわね。

女が連絡をスルーするっていうのは、相手に対する関心がなくなってしまったり、やんわ

りと関係を絶ちたいと思っている証拠よ。初めの頃に、一週間もそんな状態が続いたとしたら、それまでの過程がどうであれ、さっさと諦めないとストーカー呼ばわりされちゃうわよ。

メッセージや電話以外にも、デートを立て続けに断られる、パーソナルスペースを大きく取られる……なんていうのも、あまり良く思われていない証拠ね。押すことはいいことだけど、今じゃないってことだってあるわ。

女性の気持ちを確認するために、触ってみるっていう人がいるけど、絶対にやめてよね。とくにお酒に寄ったりして、唐突に膝や腕に触ってくる男がいるけど、ありえないわ。

もしタッチするなら、女性をリードするときに、背中や肩に手を添えるぐらいね。常に紳士的な態度で接していれば、文句はないわ。

そういう意味でも、キャバクラなんかで成功体験を積もうとするのはお門違いね。お金持ってますアピールも、それが目当ての女にしか通用しないのよ。失敗はおおいに結構だけど、痛い失敗を重ねるのはダメージが大きすぎるわ。

とはいえ、早く見切りをつけすぎるのも、もったいないわ。**たとえばプロポーズの返事待ちの時。こういう時は、返事がすぐに来ないからといって諦めてはダメよ。**

男の人って、よく「ＯＫでもダメでもいいから、早く返事をしてほしい」なんて、相手をせかしてしまうことがあるけど、**まだ決めかねている時や、どうしていいかわからない時の返事はＮＯと相場が決まっているのよ。**そうなっちゃったら、せっかくの努力が水の泡。人生を賭けた大事な返事は、ゆとりをもって気長に待ってみてね。

引き際っていうのは、お相手の関心が薄れて、一緒にいることも連絡を取ることももうっとうしいと思われてしまった場合や、絶対に結婚は考えられないっていうマイナス要因が出てきてしまったときをいうのよ。

そこまでいっていない時は、諦めないことが何より大事。最近はみんなが空気を読むことを優先しているから、押しまくって成功をつかむ人も減ってきているけど、女ってちょっと強引なぐらいが好きなの。あなたの強力プッシュで心が揺れ動くことだっておおいにあるわ。

女って、ちょっと強めに押されることで、自分への熱心さを感じるの。ただし、しつこくなるんじゃなくて、ひたむきに熱心であることが大切よ。

しつこさと熱心さの違いは、自分のことだけを考えているか、相手のことを一番に考えているかにかかっているの。相手の幸せを一番に思ったとき、自分が何をしてあげられるかを、今一度思い起こしてみて。

そのうえで、相手の気持ちに最大限敏感になること。そこまでつきつめてから引いた場合は、相手のほうがあなたを追いかけてくるようになるわ。

女性の気持ちを見極めながら、ゴールまで一気に突き進んでね。

ミッション40
プロポーズがサプライズだなんて最悪よ

最初から結婚相手として意識して付き合い始めた場合、プロポーズのタイミングは当然早くなるわ。結婚を考えないで付き合い始めた場合は、まず男性に結婚できるような環境が整い、ある程度自信がついたらプロポーズっていうのが一般的よね。**でも、お見合いで出会った場合には、半年後にプロポーズするぐらいがちょうどいいの。**

最近では、逆プロポーズっていうのも密かに一般的になってきているわね。付き合うきっかけも女性から、デートも女性主導で……っていうカップルなら逆プロポーズもアリかもしれないけど、逆プロポーズの後でもいいから、できれば男性からの正式なプロポーズが欲しいところよね。

プロポーズするっていっても、唐突なのはあまりよくないわ。女って、出会って三ヵ月めぐらいの、相手のことをまだそれほど深くは知らない頃に、漠然と好きな気持ちがピークに達するの。人によっては衝動的に結婚したい気持ちにもなったりするのよ。**この時期に、軽く、将来を意識して付き合っていることを匂わせておくのもいいわね。**

結婚したら住んでみたい場所、子供は何人欲しいか、理想の生活は……みたいな内容を、さらっと伝えておくと、女の方でも心構えができて、その後のプロポーズもスムーズになるのよ。

それに結婚を意識して付き合い始めると、マイナス要素や不安なこともたくさん出てくることだって良くあるの。プロポーズ後のマリッジブルーを防ぐ意味でも、気になることは先に話し合って、できるだけ潰しておく方がいいわね。

プロポーズは記念日にするのもいいことよ。一生のことだから覚えやすい日にしておくのもいいし、女の方でも、なんとなく察しがつくから心の準備がしやすくなるわ。

最近はメディアのプロモーションなんかもあって、プロポーズはサプライズがいいと思い込んでいる男性も多いみたいだけど、女としては正直な話、大切な日に向けてダイエットしたり、ネイルサロンや脱毛に行ったり、ヘアサロンやエステに行ったりして最高の日を迎えたいものなのよ。**あんまり唐突にプロポーズされると、準備不足でなんだかみじめになっちゃう。**

それに、そんな大事なことを唐突に言われたら、パニックのあまりNOって言っちゃう人もいるのよ。セールスでも何でもそうだけど、人ってわからないことや決められないことには、ひとまずNOって言っちゃう習性があるでしょ。たとえ後でちゃんとやり直したとしても、そのことが後々まで尾を引いて、ぎくしゃくしちゃうことも良くあるわ。プロポーズは出来レースでいいから、**相手が受け入れてくれる気持ちがあるかどうか、軽く打診してからにしてね。**

当日は、お洒落な雰囲気の場所と、指輪などのプレゼント、そして一番大事なプロポーズの言葉を準備して臨むのよ。そのシチュエーションは、女性の心の中で一生リフレインされるから、本気で考えてね！

ミッション41

フラッシュモブなんて今すぐ取り消しよ

いよいよクライマックスのプロポーズ。絶対成功するプロポーズをお教えしたいところだけど、これればかりはやってみないと結果はわからないわ。その代わり、勝率をあげる秘訣を教えるから、よく聞いておいてね。

まず、プロポーズは準備が九割よ。といっても指輪を買ったり、レストランを予約したりってことじゃないわ。**相手に結婚の意志があるかどうかをさらっと確かめておくの。**

結婚の意志を確かめるっていうと、それだけで本番のプロポーズみたいになっちゃう人がいるけど、そうじゃなくて、「暗黙の了解」を得ておくってことだと思ってね。

世間話の中で、「子供が出来たら○○に住みたいなー」「毎朝こんな朝食を作ってもらえたらいいいなー」みたいな会話を織り交ぜて、様子をうかがうのよ。
一番良くないのは、「結婚してくれるかな？」なんてダイレクトに聞いてしまったり、「将来を真剣に考えて欲しい」なんて、自分の気持ちを押し付けてしまうこと。そうじゃなくて、将来を漠然とイメージしてるっていう、今の率直な気持ちだけを伝えて、心の準備をさせておくの。

本番のプロポーズがＬＩＮＥなんてことはありえないけど、こういう日常会話だったら、さりげないメッセージのやり取りで確認しておくのもアリよ。

場所はちょっと高級なレストランがいいわね。外だと天候に左右されてしまうし、家だとムードなさすぎよね。結婚後もまた何度も行くことが出来るような、雰囲気のいい場所をピックアップしておいてね。
最も成功率が高いのは、やっぱりごくシンプルなプロポーズ。フラッシュモブは、はたから見れば感動的だけど、基本的にＮＧよ。**フラッシュモブが良くない理由は、ズバリ断りづらいからなの。**女って本当に協調性の生き物。その場の雰囲気を壊したくない気持ちは男性の数倍以上よ。だからイエスって答えるしかないような状況を作るなんて、本当に卑怯な戦法になってしまうの。

そこに恥ずかしさまで加わったら、せっかくいい方向に向かっていた関係が、無残に崩れさってしまうことにもなりかねないわ。よっぽど彼女がサプライズに憧れている場合以外は、避けておいたほうが無難ね。


プロポーズの言葉も、「一生大切にするよ」「結婚しよう」みたいにオーソドックスな言葉が一番心を打つわ。そこにあなたなりの言葉を添えることができたら完璧ね。

女が一番困ってしまうのは、プロポーズなのかどうか、判断しかねるような曖昧なことば。後々トラブルに発展しないためにも、ここだけはハッキリと伝えるようにしてね。

プレゼントには指輪が一番なのだけれど、交換ができないのが難点。ここは仮の指輪で代用して、後日一緒に買いに行くのがベストよ。

プロポーズって、女にとっては本当に一生の夢。ちゃんとかなえてあげることで、結婚生活がグッとスムーズになるわ。

ミッション42
結婚準備時期のケンカに気を付けて

それまでは恋人気分でも、いざ結婚準備が始まると、現実が見えてきて衝突してしまうってことも良くあることだわ。この時期にケンカが始まると、これからの長い結婚生活がなんだか惨憺たるものになってしまいそうで、お先真っ暗な気分になってしまうのよね。

結婚って、せっかく一生に一度のことだから、ケンカになりそうなことはできるだけ未然に防いで、楽しく幸せな毎日を過ごしたいものよね。

結婚準備って、指輪、新居、家具、結婚式、新婚旅行……なんて具合に、今まで使ったことがないほど大きなお金が次々と動いていくの。**そこで精神的にアンバランスになっていると、見事に判断を誤ってしまうのよね。**その判断ミスは相手にも自分にも起こりえるものなんだけど、ちょっとしたミスが、すぐ「この人、これから大丈夫？」なんて発想に結びついちゃったりして、つい相手を責めてしまうの。
だから大きなお金が動くようなことは、できるだけ一人で決めたりしないで、何でも相談しながら、事後報告にならないように注意したほうがいいわ。
とはいえ、全部の事柄を一緒に決めていくっていうのは、時間の制約上、不可能なことよね。そういう時は、そのことについて良く知っている方や、こだわりが強い方が主導権を握って選択していけばいいのよ。ただ「これでいいかな？」ってひとこと添えることは忘れないでね。「勝手に決めた」と、「一緒に決めた」の差は、その程度の小さなことなの。**でも、そういう小さなことをかかさないことが、結婚にはとても大事なのよ。**

それに結婚となると、今までみたいな「自分たちだけの関係」ではなくなるわね。お互いの両親、兄弟、親戚、仕事上の関係者などなど、登場人物も倍になって、人間関係もその分複雑になるわ。地域や世代によって、常識っていわれることもまったく違ってくるから、両方の関係者の意見も取り入れながら、丁寧に調整していってね。

結婚準備の時期って、精神的に不安定になりやすい上に、不慣れ

な仕事が次々と舞い込んでくるから、疲労感もマックスになりがち。疲れたら準備ばかりのデートからいったん離れて、これまでのような普通のデートを提案してみるのもいいわね。

現実ばかりを見なくちゃいけない時期だからこそ、相手をハッピーにさせるような体験で、気分を盛り上げるのよ。**女にとっては、あなたの優しい言葉がなにより嬉しいものなの。**プロポーズのときみたいに、雰囲気のいいところで「どんなことがあっても守り続けるよ」っていうメッセージを伝えてあげるのも最高ね。きっとそれだけで、どんな苦労も一瞬で吹き飛んでしまうはずよ。

女って感情に左右されてしまう動物。そのアップダウンに巻き込まれることなく、あなたがコントロールしていってくれたら、きっと心から頼りがいを感じてくれるはずよ。

ミッション43

マリッジブルーで距離を置くのは危険よ

何もかも上手くいって、さあいよいよ、というときに突如おとずれるマリッジブルー。誰もが経験する症状だからといって、甘く見ているど痛い目をみるわ。**これが原因で婚約破棄に至ってしまうって人だって、少なからずいるのよ。**

女がマリッジブルーに陥る原因はいくつかあるわ。一番はあなたに対する不安。本当に自分のことを守ってくれるのか、生活はちゃんとやっていけるのかなどなど、ちょっとしたきっかけから想像がどんどん膨らんで、悪い方にいってしまうわ。

将来のことが漠然としか見えていなかった時期は、あなたからのプロポーズで、ふわふわ舞い上がったような幸せを感じていたはず。そこから現実を見て、ひとつずつ準備していくにつれ、ああなったらどうしよう？　こうなったらどうしよう？　って不安が沸き起こってくるのね。

これって、まさに幸せの絶頂から真っ逆さまに落ちるような恐怖なの。つかんだ幸せがあまりにも大きなものだったからこそ、感じる不安なのよ。

結婚したら、完全に独立して、自分たちの力で何もかも解決していかないといけないわよね。将来、子供を持つようになったりしたらなおさら。今までは自分一人、さらには両親の加護さえもあったのに、突然はしごを外されるような恐怖感を味わうことになるわ。

そこに加えて、娘を嫁に出す両親が、同じように不安や寂しさを感じている場合、その感覚がまるで自分のことのように思えて、怖くなってきてしまうものなの。女性にとって、両親ってこれまでの人生を支えてきてくれた大切な存在。それを引き離して新たな地に出ていこうとするのは、人によっては罪悪感まで感じてしまうものなのよ。

結婚って、後戻りできない怖さもあるわよね。付き合っていた時にはそれほど感じていなかった「縛り」というものが、突然強固になって目の前に現れる恐怖。

マリッジブルーって、よく変化に対する恐れだなんていわれるけど、単純にそれだけの問題ではないわ。いくつかの要因が重なった、こんなにも奥深い、複雑な感情なのよ。

最近は、男性でもマリッジブルーを感じる人がいるわ。これまで背負ったことのないようなプレッシャーで押しつぶされそうになって、普段は言わないようなことまで言ってしまったりして、負の感情のスパイラルに陥ってしまったりするのも、よくあることなのよ。

もし自分自身もマリッジブルーだって感じたら、リラックスできる場所で自分を取り戻すように心がけてみてね。間違った対処法は、付き合っていた頃のように二人の距離をおいてみたりすること。**この時期は、距離をおくことで本当に離れてしまうことも珍しくないわ。**

他の独身の友人に相談するのも良くないことね。友人からの嫉妬が入り混じったアドバイスで、破談になってしまうことだって現実にあるのよ。女性の話はできるだけ自分だけで受け止めるようにして、**もし相談するなら既婚の友人に話すことね。**

マリッジブルーって、ちゃんと対処すれば必ず乗り越えることができるの。今は小さな不安が大きく見えている時期だってことを知って、しっかり女性を支えてあげてね。

ミッション44
迷わず私のところに来なさい

結婚相談所に、モテない人や、結婚できない人が登録していたっていうのは昔の話。今は、充分に魅力的で、どこからも引く手あまたな人が、たくさん登録している時代よ。

今の時代って、職場で声をかけたら地方に飛ばされてしまったり、ジムでナンパしたら出入り禁止になってしまったり、コンビニで電話番号を渡したら本部から連絡が来てしまったりって、とっても世知辛い世の中になっているの。**だから婚活は婚活の場じゃなきゃ、なかなか難しい時代になっているわ。**

結婚相談所に登録している女性は、普段はなかなか会えないような、綺麗で聡明な女性が多いわ。みんなしっかりしているから、早めに入会して、よりいい人を探そうとしているのよね。

システムはとても簡単。不動産屋さんのレインズを想像してみて。全国にある結婚相談所が連盟に加盟していて、お互いに別な相談所の会員さんと、インターネットを通じてお互いのプロフィールを見ることができるシステムになっているの。

費用がかかりすぎるっていうのも、昔のイメージね。**むしろ婚活パーティーで結婚願望がない女性に散財したりするよりも、ずっとリーズナブルに婚活ができるわ。**

きちんとしたところは、婚活をする際のルールも統一されているから、勧誘みたいな変なことに巻き込まれる心配もないし、真面目にしっかり活動することができて安心よ。

恋愛で結婚しようとすると、お互いに思いもよらなかった事実が発覚したり、親の反対に会ったりして、結婚できる保証もほとんどないのよね。そういう意味では、先に必要な条件を全部確認することが出来る結婚相談所は、とても有効なツールといえるわね。

これまで恋愛経験があまりない人だったら、相談所のマッチメーカーのサポートもかなり使えるものになってくるわ。

とくに私のところだったら、月に二回のヒアリングでマインドを鍛えながら戦略を立てていくから、**一年後の成婚から逆算して、どんな人でも結婚できるプロ**

グラムを組み立てることができるわ。

結婚相談所って、結婚したい意志がある人だけが登録するところ。だから話も早いのよね。平均的なケースで、最初の三ヵ月でお見合い、次の三ヵ月で何人か並行してお付き合い、その後の三ヵ月でお相手を絞って、そこから三ヵ月後にプロポーズとなるわ。これが全体の共通認識になっているから、一年以内の結婚も無理なくできるってわけ。

さらに婚活に特化したイメージコンサルや、コミュニケーション能力アップのワークもやってるわ。**彼女ができるのと同時に恰好良くもなれて、自信がつくから、仕事もできるようになるわよ。**何もかもいいことづくめの婚活なら、やらない方が損よね。

忙しい時代だからこそ、婚活も専門家に任せるべき。お相手選びのわずらわしさから解放されて、たった一年で五十年分の幸せが手に入るなんて、本当に最高だと思うわ。

ホントにあった婚活コラム……3

逃げ道は必須、部屋は二部屋用意すべし

Sさんは三五歳の会社員。二歳年下の彼女と付き合って、そろそろ半年というところ。

　そのとき私のところに相談に来た理由は、まだ二人で一夜を過ごしたことがないっていうことだったわ。

＊

「実は以前、彼女に泊りを提案して二度断られてるんです。そんなことで今まで築き上げた関係が壊れるのも嫌だし、それ以上は何も言ってません」

＊

「でも、お互いの結婚への意志が確実になってきているなら、このままにしておくのはお勧めしないなぁ。女が心から愛情を抱くようになるのは、一夜を共にした後だから」

＊

「そうですよね。せっかくいいところまでいっていたのに、最近なんとなく気持ちが冷めてきているような気もします。会話もだんだん盛り上がらなくなってきたような……」

＊

私はまずSさんに、お泊りに誘うときには、前もって軽く仄めかしておくことを伝えたわ。これで女としては心の準備ができるから、本当に断りたいときは、事前に伝えることも可能になるの。その上で部屋は二部屋予約しておくように指示。

＊

なぜなら、女がOKするとき、必要なのは『大義名分』。とくに初めてのときは必須よ。

「二部屋とってあるから、続きは部屋で飲もう。疲れたら自分の部屋で眠っていいから」

　そう言ってもらえたら、YESって言いやすくなるわ。たとえ安心して飲みすぎてしまい、一緒に眠ってしまうことが、簡単に想像できたとしてもね。

＊

それから二週間後。

＊

「無事、作戦が上手くいきました。彼女の愛情の深さも、これまでとは比べものにならないぐらいになり、意を決して良かったと思っています」

＊

女って、「価値がある相手だから、自分はOKした」っていうストーリーを自分の中に刷り込んでいたいものなの。

　だからこそ、ことあるごとに言い訳と大義名分を用意して、恥ずかしさを吸収してあげられる男性が、女の心を掴んで離さないのよ。

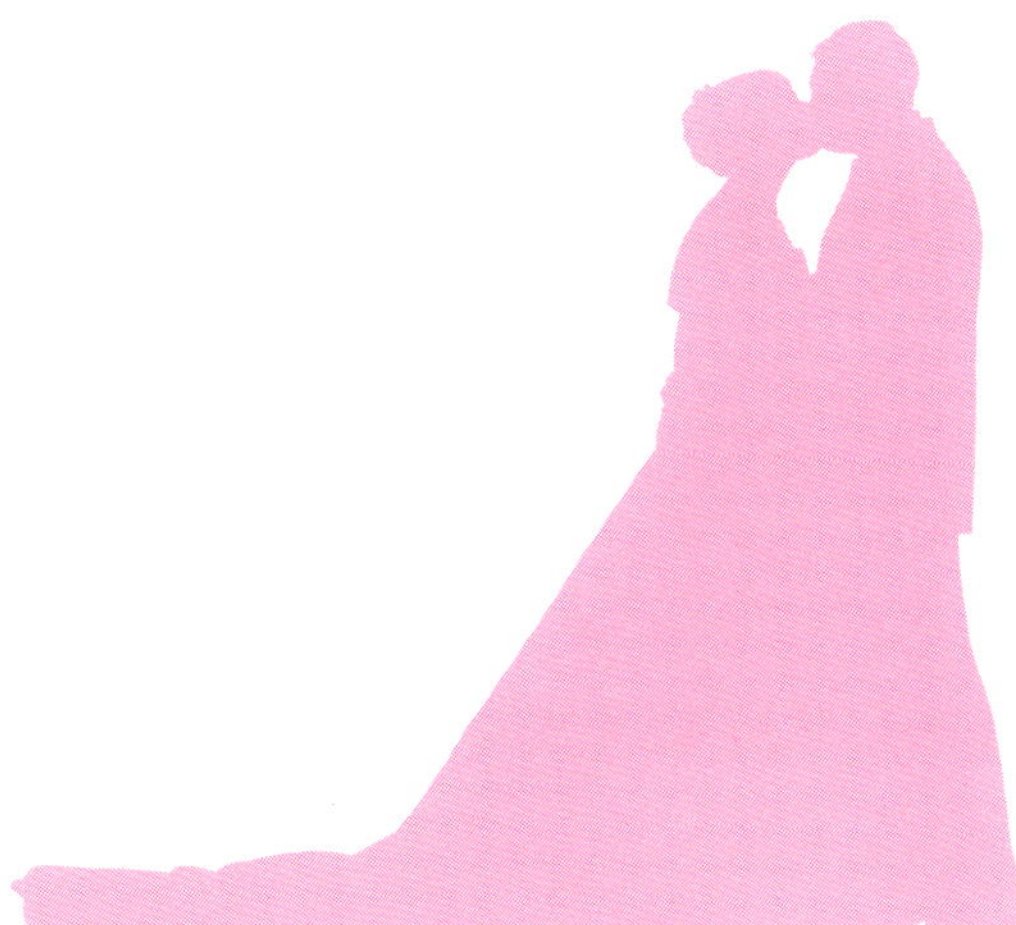

あとがき

この本を読んで、結婚までの道筋が見えてきたかしら。具体的な手順さえ分かれば、どんな人でも理想の結婚は可能なの。

問題は、諦めずに最後までやり通せるかってことだけよ。

明治安田生活福祉研究所の調査によると、独身のうち約八割の人が、「いずれは結婚するつもり」と回答しているのにもかかわらず、二十代の未婚男性の約五割、三十代の未婚男性の約三割が、交際経験なしと答えているわ。しかもこの数字は年々上がっていっている。つ**まり、結婚したくてもできない時代がきているってことね。**

考えてみて。もしあなたが本気で理想とする女性と結婚できて、一生幸せに暮らせるとしたら……。

妥協して、そんなに好きでもない人に縛られるのはイヤでも、本当に好きな人と協力し合って家族を作り、人生を一緒に歩んでいけたら、こんなに楽しくて、実のある人生ってないわよね。

人って、自分のためだと思うと、中途半端でも「このぐらいでいいかな」って思っちゃうけど、他の人のため、とくに「家族のため」って思うと、なぜだか奥底から本当の力がわいてくるのよね。

あなたのお父さま、お母さまも、きっとそうだったんじゃないかしら。自分の命をかけて守りたいものがあるって、すごいことだと思うの。それに、女の幸せって、好きな人から愛されるかどうかにかかっているの。人を幸せにすることができるって、本当にすごいことよ。

人生一度きりだもの。中途半端なままなんとなく生きていくのか、本気で生き抜くのか……。答えは出ているはずよね。

もし仮に世の中に、結婚して幸せじゃないっていう人がいるとしたら、それは表面的な条件で結婚を決めたり、何かの要因で結ばれざるを得なかったっていう不幸なケースね。

だったら答えは一つ。本当に理想の女性と結ばれればいいの。この本にあるのが、そこにたどり着ける最短のコースよ。

結婚に至るには、「充分な数の出会いがあること」「女性とのコミュニケーションのスキルがあること」この二つの要因が不可欠なの。私なら、その両方を叶えてあげることが出来るわ。

心から好きな人の笑顔が見たいから、守ってあげたいから、そしてずっと一緒にいたいから。純粋にそんな結婚ができたら、その人のために最強に強くなれて、世界が輝いて見えるようになるわ。

あなたがゴールインする日を、心から待ち望んでいます。

二〇一六年十一月吉日　沢宮里奈

沢宮里奈（さわみや・りな）

マッチメーカー&コラムニスト。日本最大手カップリングパーティー会社の、元新宿支社チーフアドバイザーとして延べ６万人の婚活男女をフォローしてきた。

現在は結婚マッチング『ＳＴＯＲＩＡ』の代表として、恋愛コンサルティング、セミナーイベントなどを手がける。お見合い申し受け数、申し込みＯＫ率、お見合い成立数、交際数を管理しながら成婚までをフォローするシステムを確立し、多くの男性を成婚に導いている。

特に、普通の男子をモテメンに大改造する「トータルプロデュースプラン」は、30代男性を中心に密かなブームとなっている。また、一年後の成婚から逆算して、その時やるべきことを明確にしていく婚活手法は、マニュアル世代から絶対的な支持を得ている。

「beauty まとめ」の恋愛コラムも担当しており、人気のコラムは10,000viewを超える。

*『STORIA』
http://dp-storia.com/

*「beautyまとめ」
http://beauty-matome.net/love/daiji-ni-sareru-josei.html

写真撮影　HAPIC　相原サン（スタジオミン）

ヘアメイク　鈴村偲

企画協力　稲垣麻由美（株式会社一凛堂）
結婚マッチングSORIA
NPO法人企画のたまご屋さん

30年間モテなかったあなたも、1年で結婚できる本

二〇一六年一二月九日　初版第一刷発行

著　者　沢宮里奈

発行人　後藤明信

発行所　株式会社竹書房
〒一〇二－〇〇七二
東京都千代田区飯田橋二－七－三
ＴＥＬ　〇三－三二六四－一五七六（代表）
〇三－三二三四－六三〇一（編集）
竹書房ホームページ
http://www.takeshobo.co.jp

印刷・製本　中央精版印刷株式会社

ISBN978-4-8019-0939-7